내가 만든 약이 세상을 구한다면

KB165023

내가 만든 약이
세상을 구한다면

지식
+
진로
11

송은호 지음

페니실린부터 치매약까지 처음 읽는 약 이야기

다른

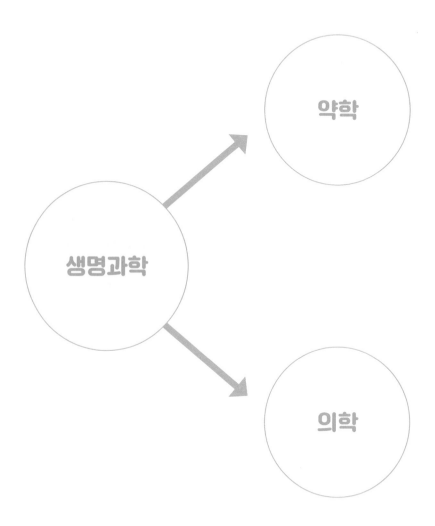

복약지도·조제

개국 약사

근무 약사

연구·관리

제약사 직원

병원 약사

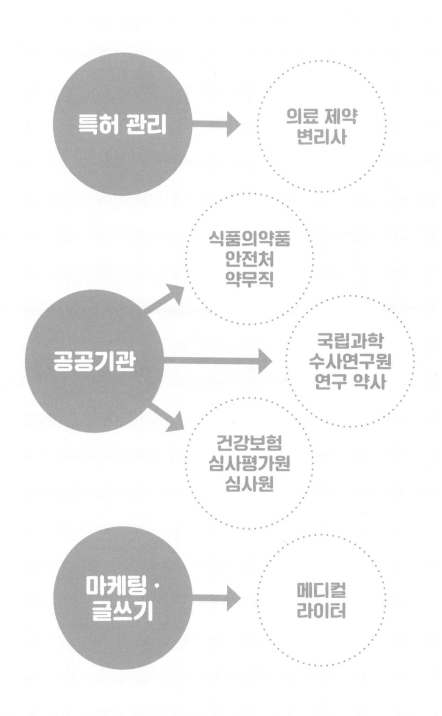

들어가며

│ '약'이라는 바다를 향한 끝없는 동경

사람들은 마법과 판타지 그리고 새로운 세계로의 모험을 꿈꾼다. 대중문화에서 마법과 모험을 주제로 한 소설, 영화가 오랫동안 사랑받는 이유이지 않을까 싶다. 필자에게도 소설《해리 포터》와 영화〈인디아나 존스〉시리즈에 한창 빠졌던 시절이 있었다. 이런 이야기들 속에 항상 등장하는 것이 한 가지 있다. 바로 신비로운 '마법의 약'이다. 마녀들이 큰 솥단지에서 끓여 내는 약은 사람을 죽이거나 살려 내기도 하고 늑대로 변신시키거나 투명인간으로 만들어 주기도 한다. 이 밖에도 해독제를 찾기 위해 싸우는 영웅, 화학 무기 테러를 막기 위해 적진으로 침투하는 스파이 이야기 등 약물은 이야기의 핵심 소재로 종종 등장한다.

먼 옛날 인류는 약초, 약물을 다루는 사람을 기이한 능력을 지닌 요술쟁이로 여겼다. 당시에는 몸과 질병에 대한 지식이 부족했기 때문이다. 죽어 가던 사람이 어느 약초꾼이 건넨 이파리를 달여 먹고 살아나거나, 고통에 몸부림치던 환자가 노파가 건네준

풀뿌리를 먹고 안정을 되찾는 모습을 보며 사람들은 그들이 마법사나 마녀가 아닐까 생각했다. 르네상스 시대 연금술사들의 목표는 늙거나 죽지 않는 '불로불사의 명약'을 만드는 것이었다.

이제 약은 신비로운 마법이 아닌 과학의 영역이며, 치열한 연구와 실험의 결과다. 약은 단순히 질병을 치료하는 것에서 나아가 우리 삶과 사회에 변화를 가져온다. 전 세계를 휩쓴 코로나바이러스감염증-19COVID-19, 이하 코로나19 백신도 그중 하나다. 몇 년 전만 해도 잘 알려지지 않았던 코로나바이러스는 이제 2020년대를 대표하는 질병으로 자리 잡았다. 이렇게 급변하는 일상 속에서 우리를 지켜주는 것은 약이다. 백신과 치료제를 개발하는 일, 약이 우리 몸에서 어떻게 작용하고 부작용은 없는지 검토하는 일, 아픈 사람에게 알맞은 약을 보급하는 일 모두 약을 전문적으로 다루는 직업인 '약사'의 업무다.

"약사가 되면 뭐가 좋아요?" "돈은 얼마나 많이 벌어요?"

약국을 운영하는 필자가 학생들에게 가장 많이 받는 질문이다. 약사에 대한 학생들의 관심이 커지고 있음을 실감할 때가 많다. 그러나 아쉽게도 약사라는 직업 자체에 흥미를 느끼기보다는 수입과 업무 강도에만 관심을 보이는 경우가 많다. 청소년들이 약사가 하는 일에 대한 이해를 넓혔으면 하는 바람으로 이 책《내가 만든 약이 세상을 구한다면》을 썼다.

일반 대중이 떠올리는 약사의 모습은 대개 고정적이다. 기껏해야 동네 약국에 앉아 있다가 박카스를 꺼내 주는 '인상 좋은 아저씨' 정도가 약사의 흔한 이미지인 것 같다. 심지어 약학대학에 입학한 학생들조차 실습에 나가기 전까지는 약사가 정확히 무슨 일을 하는지 모르는 경우가 태반이다. 그런데 사실 약만큼 다양한 분야에 발을 걸치고 있는 영역이 없다. 약은 물성만을 따지면 '화학'이지만 인체에 적용된다는 점에서는 '생물'이고 추구하는 것은 '의학'이니, 그만큼 약사라는 직업 역시 다양한 분야로 나아갈 수 있다. 범죄 현장에서 마약 검출을 하는 과학수사관이 될 수도 있고, 해외의 유명한 제약사에서 연구할 수도 있으며 새로운 약을 개발하고 판매하는 사업가가 될 수도 있다. 그러니 약사에게는 단순히 약국에서 일하는 것뿐만이 아니라 여러 길이 있음을 이 책을 통해 알아 갔으면 한다.

이 책에는 역사적으로 매우 중요한 의미가 있는 약 10가지, 약학 전공과 관련이 있는 직업 9가지, 그리고 약사에게 귀감이 될 만한 롤 모델 3명의 이야기를 담았다. 마지막으로 많은 약사의 꿈이라 할 수 있는 신약 개발에 대한 이야기도 썼다. 직업, 진로에 관한 정보를 쓸 때는 현직으로 일하고 있는 지인들에게 많은 도움을 받았다.

과거 인류가 질병에 대처한 방법, 수많은 사람의 목숨을 구한 약을 개발한 사람 등 약의 역사가 궁금한 독자에게도 적극적으로 이 책을 추천한다. 책은 첫 장부터 읽는 것도 좋지만, 평소에 자주 먹는 약에 대한 이야기부터 읽어 보는 것도 재미있는 경험이 될 것이다.

《어린 왕자》를 쓴 프랑스 작가 생텍쥐페리가 말했다.

"배를 만들고 싶다면 사람들에게 나무를 잘라 오게 시키지 말고, 바다에 대한 끝없는 동경을 심어 줘라."

이 책을 읽는 독자들이 약사가 우리 삶과 사회에 얼마나 많은 역할을 하고 있는지, 오늘날 다양한 약이 개발되기까지 얼마나 많은 사람의 노력이 있었는지 살펴보면서 '약'이라는 바다에 대한 동경을 품을 수 있기를 바란다.

차례

1장 약으로 일상을 돌보다

· ·

2장 약으로 재앙에 맞서다

3장 약으로 마음을 다스리다

· ·

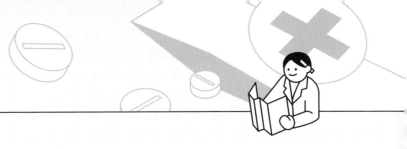

4장 약으로 미래에 대비하다

1장

약으로
일상을 돌보다

약은 무엇을 위해 만들어졌을까?
아프지 않기 위해서다.

아스피린, 세계에서 가장 많이 팔린 진통제

세상에는 많은 약이 있다. 그중에서도 가장 많이 팔리고, 가장 유명한 약은 무엇일까? 약에 대한 관심이 조금이라도 있다면 한 번쯤 들어 봤을 '아스피린'이다. 지금부터 아스피린에 대한 이야기를 시작해 보자.

아스피린은 1897년에 혜성처럼 나타났다. 1949년에는 '세계에서 가장 많이 팔리는 진통제'로 기네스북에 올랐으며, 아직까지 1위 자리를 꿋꿋이 차지하고 있다. 미국에서만 날마다 8,000만 알이 팔린다. 매년 580억 개의 아스피린이 사용되며, 이는 작은 항공 모함의 절반 무게라고 한다. 그 스케일이 얼마나 거대한지 알수 있다. 아스피린을 개발한 바이엘은 이 약 덕분에 세계적인 제약사로 거듭날 수 있었다. 아스피린은 현재도 회사 매출의 60퍼센트를 차지할 만큼 효자 역할을 톡톡히 하고 있다.

인류 최초의 약이 탄생한 이유

약은 무엇을 위해 만들어졌을까? 죽지 않기 위해서? 그렇다. 이는 가장 근본적인 이유다. 지금은 약 한 알, 주사 한 방으로 치료할 수 있는 간단한 질병도 옛날에는 사람의 목숨을 위협하는 무서운 존재였다. 그래서 사람들은 약을 먹기 시작했다.

다음으로 가장 큰 이유는 무엇일까? 단순하게 생각해 보자. 바로 '아프지 않기 위해서'다. 예나 지금이나 아픈 건 괴롭다. 그런데 옛날에는 아플 일이 더욱 많았다. 위생 관념이 없던 시대라 온갖 병에 걸리기 쉬웠기 때문이다. 전쟁이나 사냥을 하면서 다치는 일도 많았다. 자연스럽게 아픔을 줄여 주는 약을 찾게 되었다.

우리는 살면서 종종 아픔을 느낀다. 뛰어가다 넘어지기도 하고, 택배를 받으러 급히 나가다가 발가락을 찧기도 한다. 치과에 가서 치료를 받은 후 부풀어 오른 뺨을 감싸 쥐고 괴로워하기도 한다. 통증이 생기면 굉장히 불쾌하다. 몸이 불편하니 집중이 안되고, 결국 하던 일을 못 하고 주저앉아 버리기도 한다.

통증은 도대체 왜 일어나는 걸까? 아기들을 관찰하면 알 수 있다. 아기들은 겁이 없다. 그래서 가끔 위험한 물건을 만지거나 입으로 가져간다. 하지만 만약 아기가 뜨거운 물 주전자를 만졌다면, 소스라치게 놀라며 급하게 손을 뗄 것이다. 왜일까? 아픔을 느꼈기 때문이다.

통증은 우리 몸이 보내는 경고다. 몸에 나쁜 세균이 들어와 감염되었거나 인체 기관이 다치고 망가졌을 때, 몸에 해로운 행동을 할 때 우리 몸은 신호를 보낸다. '그런 짓 하지 마', '이봐, 여기 문제가 생겼어' 하며 보내는 신호가 바로 통증이다. 그리고 이 통증을 억제하고 진정시키는 약을 진통제라고 한다.

옛날에는 알약이나 캡슐 형태의 약을 만드는 기술이 없었다. 그래서 약초, 동물에게서 얻는 물질뿔, 뼛가루, 분비물, 배설물 등, 조개 껍질 같은 딱딱한 광물 등 약으로 쓸 수 있는 물질을 그대로, 또는 가루를 내거나 차나 술로 우려내서 먹었다.

버드나무 껍질은 오래전 사람들이 먹었던 약초다. 기원전 1500년 이집트 사람들이 남긴 기록에 따르면 진통제로 썼다고 한다. 또한 고대 그리스의 의학자 히포크라테스도 산통을 겪는 산모들에게 버드나무 껍질을 달인 물을 줬다고 한다. 버드나무 껍질은 고통을 줄이는 데 효과적인 약초로 오랫동안 사용되어 왔다.

히포크라테스

고대 그리스의 의학자로 의학의 아버지라고 불린다. 당시 사람들은 신전에 가서 기도하면 병이 치료된다고 믿었지만 히포크라테스는 합리적인 추론과 관찰을 통해 인간의 몸을 바라보았다. 히포크라테스 선서로도 유명한데, 이 선서문에는 그가 말했던 의사의 역할과 직업윤리에 대한 내용이 담겨 있다. 오늘날에는 히포크라테스 선서를 수정한 '제네바 선언'이 일반적으로 낭독되고 있다.

아스피린이 된 버드나무 껍질

그렇게 시간이 흘러 19세기가 되었다. 과학 기술, 특히 화학 기술이 발달하며 약초 안에 있는 화학 성분을 뽑아내고 분자 구조를 알아낼 수 있게 되었다. 사람들은 궁금해하기 시작했다.

'버드나무 껍질의 어떤 성분이 통증을 멎게 해주는 거지?'
'약초 안에서 진통 효과가 있는 성분만 따로 뽑아내면 좋지 않을까?'

과학자들은 연구를 통해 버드나무 껍질에서 살리실산salicylic acid이라는 성분을 발견한다. 이는 인류가 자연에서 발견한 최초의 화학물질이었다. 살리실산을 투여하니 아픔이 사라졌고, 많은 사람이 고통을 없애기 위해 이 성분을 먹기 시작했다.

하지만 살리실산에는 치명적인 부작용이 있었다. 첫째로 너무 써서 먹기 힘들었고, 둘째로 먹고 나면 속쓰림이 심했다. 속이 쓰리고 배가 아팠고 심하면 위장에서 피가 나기도 했다. 아플 때 한두 번은 괜찮았지만, 관절염이나 만성통증처럼 오랫동안 아픈 경우는 곤란했다. 이제 많은 과학자의 목표는 '살리실산과 효과는 같지만 부작용은 덜한 화학물질'을 찾는 것이 되었다. 그때 혜성처럼 등장한 것이 바로 독일의 제약사 바이엘이다.

신약을 개발하는 방법은 랜덤 뽑기와 비슷하다. 먼저 기존에 효과가 있던 물질에 여러 가지 화학 변화를 가한다. 끓이고 얼리고 증류^{용액을 가열해 나오는 기체를 냉각시켜서 순수한 액체를 얻는 방법}하고 불순물을 거르고 이것도 섞어 보고 저것도 넣어 본다. 그러다 보면 원래의 약과 구조가 비슷한 여러 가지 물질이 나온다. 그다음에는 이렇게 만들어진 물질을 하나씩 실험해 보며 적당한 화학물질을 찾아내는 과정이 필요하다. 당연히 시간과 돈이 많이 든다. 그래서 지금도 신약 개발 산업은 고위험 고수익^{high risk, high return} 사업이라고 알려져 있다.

바이엘은 실험 끝에 살리실산과 구조는 비슷하고 부작용은 덜한 약을 발견했다. 살리실산에 식초의 원료 아세트산을 합성해서 만든 아세틸살리실산^{acetylsalicylic acid}이 그것이다. 이 약은 아세틸의 첫 글자에 살리실산을 추출하는 식물의 정식 명칭인 '스피라에아 울마리아^{Spiraeaulmaria}'의 첫음절^{스피Spi}을 붙여 아스피린이라는 이름으로 판매되었다.

아세틸살리실산의 화학 구조식^{분자를 이루는 원자와 원자 사이의 결합 모양이나 배열 상태를 도식적으로 나타낸 화학식}은 참 간단하다. 약학대학에 입학하면 복잡한 구조의 약들을 여럿 보게 된다. 아스피린만큼 쉬운 구조식의 약은 많이 없다. 살리실산에 작은 가지 하나가 더 붙어 있는 모습이다. 저 작은 가지 하나의 차이로 부작용은 없고 효능은 좋은 신약이 탄생했다는 점이 참으로 놀랍다.

살리실산   아세틸살리실산

살리실산과 아세틸살리실산의 화학 구조식

독감 덕분에 스타가 되다

바이엘은 아스피린의 인기에 힘입어 공장을 만들고 대량생산을 시작했다. 처음에는 곱게 빻은 가루약을 작은 유리병에 넣어서 팔았다. 그런데 아스피린을 찾는 사람이 많아지면서 문제가 생겼다. 사람들마다 약을 먹는 양이 들쑥날쑥했던 것이다. 약효가 나타나려면 먹어야 하는 양이 있다. 그런데 가루로 된 약은 정확한 양을 맞추기 힘들었다. 어떨 때는 많이 먹고 어떤 날은 조금만 먹으니 약효가 제대로 나타날 리 없었다. 그래서 바이엘에서는 정확한 양의 약을 먹을 수 있게 하는 방법을 고민했고, 한번 먹을 분량을 모아서 하얀색 알약으로 만들었다. 이런 모양을 정제라고 부른다. 우리가 흔히 보는 알약의 시초가 바로 아스피린이다.

사실 아스피린이 처음 나왔을 때는 인기가 별로 없었다. 기존에 쓰던 해열제가 있었고 아스피린의 효능도 많이 알려지지 않았기 때문이다. 그러다 갑자기 인기가 올라가는 계기가 생긴다. 바로 스페인독감의 유행이다.

스페인독감은 1918년부터 2년 동안 수많은 사람의 목숨을 빼앗았다. 감염병이 유행한 2년 동안 5,000만 명 이상이 죽었다고 한다. 1차 세계대전 때 전쟁으로 목숨

> **정제**
>
> 약의 모양은 캡슐, 마시는 시럽, 주사, 바르는 연고나 크림, 엉덩이로 넣는 좌약 등 여러 가지다. 그러나 많은 사람이 떠올리는 약의 대표적인 이미지는 하얀색의 딱딱한 알약이다. 딱딱한 알약을 '정제'라고 부른다. 이는 대량생산 시 자주 만드는 형태다.

을 잃은 사람이 약 1,500만 명인 것과 비교하면 말 그대로 전쟁보다 무서운 독감이었다.

스페인독감은 사실 스페인에서 시작된 것이 아니라 1차 세계대전 때 미군들 사이에서 시작된 질병이다. 하지만 당시 스페인의 신문에서 제일 먼저 이 병에 관한 기사를 실으며 이 병에 스페인독감이라는 이름이 붙었다.

스페인독감은 인플루엔자라는 바이러스가 일으킨 병이다. 그런데 우리가 매년 겪는 독감도 인플루엔자가 원인이다. 독감에 걸려 본 적이 있다면 그때 증상이 어땠는지 떠올려 보자. 일단 열이 많이 난다. 온몸이 쑤시고 아프다. 기침도 나고 목도 부어올라서 침을 삼킬 때마다 따끔거린다. 온몸에 힘이 없으며 땀을 많이 흘려 탈수증이 오기도 한다. 스페인독감에 걸린 사람들도 그렇게 몸이 점점 약해지다가 나중에는 폐렴과 같은 합병증이 생겨 목숨을 잃었다.

열이 많이 나는 독감 초기에 무엇이 필요할까? 바로 해열제다. 아스피린은 스페인독감이 유행할 때 다른 약들보다 효과가 좋았다. 열을 식히고 몸의 염증을 가라앉히는 해열, 소염 작용에 탁월한 효과를 발휘한 것이다. 이 사실이 의사들 사이에서 널리 알려지며 아스피린 주문이 몰려들었다. 아스피린은 순식간에 세계적으로 유명한 해열진통제로 자리 잡았다.

초기에 출시된 아스피린은 병에 담긴 가루 형태였다.

아스피린의 놀라운 효능

아스피린에는 크게 해열, 소염, 진통이라는 효능이 있다. 아플 때 몸에서 어떤 일이 일어나는지 생각해 보자. 열이 나는 건 몸이 아프다는 사실을 알 수 있는 가장 눈에 띄는 신호다. 사람의 몸은 체온 변화에 아주 민감하다. 평소에는 36.5도의 체온을 유지하는데 38도 이상이면 고열이라고 보며, 40도 이상 올라가면 의식이 흐려질 정도다. 열이 나는 이유는 여러 가지가 있다. 대표적으로는 몸에 바이러스나 세균이 들어왔을 때 몸속 면역세포가 대응하기 위해 온도를 올린다. 몸을 지키기 위한 일이지만 고열이 오래 계속되면 오히려 건강을 해친다. 땀이 너무 많이 나서 탈수증이 생기고 뇌와 신경계에 손상을 입을 수 있다. 그래서 아이의 몸에서 열이 나면 부모님은 해열제부터 먹인다.

소염은 염증을 가라앉힌다는 뜻이다. 염증이 생겼을 때 우리 몸은 어떤 신호를 보낼까? 뛰다가 크게 넘어져서 염증이 생기면 다리가 퉁퉁 부어오른다. 놀이 기구나 책상에 세게 부딪히면 팔이 부어오르기도 한다. 모기에 물린 부위가 빨갛게 붓고 열이 나는 경우도 염증 반응이다. 염증도 열과 마찬가지로 몸속 면역세포가 열심히 일하는 과정에 일어난다. 몸을 원래대로 되돌리기 위해 싸우고 있다는 증거다. 그렇지만 싸움이 길어지면, 즉 염증이 계속되면 몸은 조금씩 망가진다. 전쟁이 오랫동안 계속될 때는 근처 마을이 쑥대밭이 되는 것과 비슷하다. 그래서 염증이 오래가기 전에 염증을 그치게 하는 소염제를 써야 한다.

통증 역시 열이나 염증처럼 몸이 알리는 비상 사이렌 역할을 한다. 하지만 사이렌이 온종일 울린다면 정말 괴로울 것이다. 이유 없이 머리가 아플 때가 있다. 비록 가벼운 통증이지만 이런 증상은 일상생활을 방해한다. 무엇에도 집중 못 하게 되고 불편해진다. 이런 증상이 나타날 때 진통제를 먹으면 도움을 받을 수 있다.

약국에 가서 소염제랑 진통제를 하나씩 달라고 했는데 알약 하나만 줄 때가 있다. 이제 알겠지만 하나의 약이 다양한 효과를 낼 수 있다. 약국에서 준 진통제가 해열 작용도 하고 소염 작용과 진통 작용도 하는 것이다. 아스피린은 우리가 사용하는 소염진통제의 조상님 격이다.

아스피린의 형태는 아주 다양해서 단순히 알약만 있지 않다. 캡슐, 시럽, 타 먹는 가루약, 바르는 연고나 겔, 엉덩이로 집어넣는 좌약, 주사로 넣는 약, 붙이는 파스에도 아스피린 성분이 들어가 있다. 또한 아스피린은 머리가 아플 때, 감기 증상이 있을 때, 열날 때, 생리통이 심할 때, 부딪쳐서 타박상이 생겼을 때 등 여러 분야에 쓰인다. 이쯤 되면 거의 만병통치약이라 할 수 있다.

진짜 개발자는 누구인가

아스피린을 만든 사람은 누구일까? 널리 알려진 바에 따르면 바이엘의 연구원 펠릭스 호프만이라고 한다. 관절염으로 고생하던 아버지를 위해 연구해서 개발했다는 것이다. 아름다운 이야기다. 그런데 수상한 점이 있다. 당시 호프만은 연구소의 말단 연구원이었다. 주도적으로 연구하기보다는 사실상 지시가 내려오면 수행하는 사람에 불과했던 것이다. 이 때문에 선임 연구원이던 아서 아이헨그룬이 아스피린의 진짜 개발자라는 주장이 있다. 실제로 아이헨그룬은 죽기 전에 발표한 논문을 통해 자신이 아스피린 개발자라고 주장했고, 몇 주 후에 사망했다.

아이헨그룬의 주장이 사실이라면 왜 아이헨그룬 대신 호프만이 아스피린을 만들었다고 알려진 걸까? 가장 유력한 이유는 독일의 정치적 상황에서 찾을 수 있다. 당시 독일에서는 세계대전을 일으켰던 나치당이 정권을 차지하고 있었다. 나치당이 대대적으로 선전했던 구호가 있는데, 바로 '위대한 독일 민족'이었다. 그들은 독일 민족이 다른 민족들보다 뛰어나다고 주장했다. 독일에서 살던 다른 민족들은 열등하게 취급받았으며 직장을 잃거나 집을 잃고, 심지어 수용소로 잡혀가서 목숨을 잃기도 했다. 그런 분위기에서 독일의 제약사가 아스피린을 발견했을 때 어떠했을까? '보았느냐! 이것이 바로 독일의 수준이다!'라며 자랑하고 싶어 안달이 났을 테다. 그런데 문제가 있었다. 선임 연구원인 아이헨그룬이 하필이면 유대인이었던 것이다. 독일 정부가 유대인을 홍보해 주고 싶을 리 없었다. 그래서 아이헨그룬 대신 독일인이

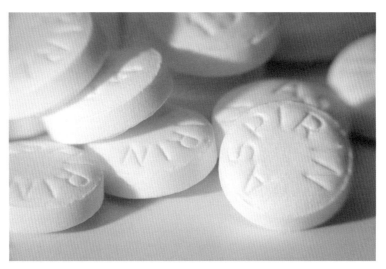

아스피린은 열을 내리고 염증을 가라앉히며 고통을 줄여 준다.

었던 호프만을 내세웠다.

아스피린을 발명한 아이헨그룬은 마땅한 대우를 받기는커녕 회사에서 쫓겨났고, 나중에는 유대인 수용소에 갇혀서 죽을 위기에 처한다. 천만다행으로 그는 죽기 직전 수용소를 탈출해 한적한 시골에 내려가 살았다. 훗날 억울함에 이 사실을 논문으로 발표했지만 발표 몇 주 만에 죽고 말았다. 당사자가 죽었으니 사람들의 관심도 점차 사라졌다. 우리나라로 치면 일제강점기 때 우리나라 과학자의 위대한 발명 업적을 다른 일본인 과학자가 빼앗아 간 셈이다. 그것도 전 세계적으로 유명한 약의 발명 사실을 말이다. 억울할 만도 하다. 아스피린이라는 약의 화려함 뒤에는 이렇게 어두운 이야기가 있다.

100년 이상 인기가 식지 않는 약

약국에서 진통제를 사본 적 있다면 어떤 약이었는지 생각해 보자. 요즘은 진통제를 달라고 했을 때 아스피린을 주는 약사는 흔치 않다. 이제는 아스피린보다 효과가 좋고 부작용도 덜한 진통제가 많기 때문이다. 콕 집어서 아스피린을 달라고 하는 환자도 많지 않다. 그래도 아스피린은 어느 약국에나 하나씩은 갖추고 있다. 궁금하다면 동네 약국에 가서 아스피린 있냐고 물어보자. 서랍 안쪽 깊숙한 곳에서 아스피린을 꺼내 오는 모습을 보게 될 것이다.

하나의 약이 등장한 뒤 100년 이상 쓰이는 일은 정말 드물다. 100년이 지나기 전에 새로운 약이 개발되고 기존의 약은 역사 속으로 사라지는 경우가 대부분이기 때문이다. 그런데 아스피린은 태어난 지 어느새 120년이나 되었다. 이는 마치 어떤 유튜버가 120년 동안 꾸준히 인기를 유지하는 상황과 비슷하다. 이 정도 되면 아스피린은 대스타다. 약사를 꿈꾸거나 약에 관해 약간이라도 관심이 있다면 반드시 알아야 하는 약이라 할 수 있다.

항생제, 세균을 물리치다

마데카솔과 후시딘은 상처가 났을 때 떠오르는 대표 연고다. 그래서일까? 약국에 가서 "마데카솔이 좋아요? 후시딘이 좋아요?" 질문하는 사람이 정말 많다. 두 연고를 어릴 적부터 오랫동안 써왔기 때문에 궁금해하는 것이다. 그런데 상처가 나면 왜 연고를 바를까? 이 연고들은 무슨 일을 하는 걸까?

 각각의 성분을 한번 살펴보자. 후시딘의 주성분어떤 물질을 이루는 주된 성분은 퓨시드산fusidic acid, 마데카솔의 주성분은 네오마이신neomycin 이다. 이름은 다르지만 두 성분은 모두 항생제의 역할을 한다. 항생제는 무슨 약일까? 쉽게 말해서 세균을 죽이거나 억제해 감염되지 않도록 막는 약이다. 즉, 두 연고 모두 항생제다. 항생제는 먹는 알약뿐만 아니라 연고나 주사제, 시럽으로도 나온다.

사람의 몸에는 헤아릴 수 없을 만큼 많은 세균이 산다. 우리 몸에서 세균만 골라내면 무게가 2킬로그램에 이를 정도다. 가장 많은 세균이 사는 곳은 장으로, 이곳에는 정말 다양한 종류의 미생물세균, 효모, 원생동물 등 눈으로 볼 수 없는 작은 생물을 통틀어 이르는 말이 있다. 음식을 씹어 먹는 입과 코안, 피부에도 많은 수의 세균이 살고 있다. 그 가운데는 유익한 세균도 있고 해로운 세균도 있다. 대부분 세균은 우리 몸에 해를 끼치지 않고 살아간다. 그렇지만 우리 몸의 면역력질병이나 병원균을 견뎌 내는 힘이 약해지거나 상처가 나거나 감염이 일어나면 각종 문제를 만든다.

세균은 콧물이 줄줄 흐르는 부비동염을 일으키고, 여드름과 종기가 돋아나게 하며, 상처가 곪아서 생기는 고름을 만들기도 한다. 세균이 위장관에서 문제를 일으키면 설사를 하거나 배가 아픈 장염에 걸리며, 폐 안에 들어가면 폐렴이 생기기도 한다. 좀더 심각하게는 콜레라, 장티푸스, 파상풍, 탄저병 등도 세균이 원인이다. 오래전 수많은 유럽인을 죽였던 흑사병도 세균의 한 종류인 페스트균이 일으켰다.

항생제를 발견한 이후 인류의 수명은 비약적으로 늘어났다. 항생제가 없던 시절에는 작은 상처만 나도 쉽게 죽었기 때문이다. 상처를 통해 세균이 침입하고 늘어나는 일을 막을 도리가 없었다. 각종 민간요법을 이용하고 휴식을 취하며 그저 기다리는 수밖에 없었다.

특히 전쟁터에서는 세균 감염세균이 몸 안에 들어가 늘어나 많아지는 일 때문에 많은 사람이 죽거나 다쳤다. 철조망에 긁히거나 넘어지고, 총에 맞고, 상처가 나기 쉬웠다. 제일 큰 문제는 더러운 환경이었다. 특히 1차 세계대전 때는 총알 세례를 피하고자 구덩이를 파서 그 안에서 보내는 시간이 많았다. 시체와 화약, 더러운 배설물이 가득한 물웅덩이는 말 그대로 거대한 세균 집합소였다. 그래서 몸에 상처 난 많은 군인이 세균에 감염되었다. 처음에는 작은 상처였어도 점점 썩어 들어가 팔다리를 끊어야 했고, 혈액을 타고 온몸으로 퍼지는 패혈증으로 사망하는 일도 흔했다. 오죽하면 총칼로 죽은 사람보다 감염과 질병으로 죽은 병사가 많을 정도였다. 하지만 인류는 마침내 항생제를 만들었고 세균이 일으키는 각종 질병을 막을 수 있었다.

하지만 세상에는 우리가 싸워야 할 질병이 아직 많다. 항생제를 이용해 세균과의 전쟁에 승리했지만, 지금은 새로운 적들이 인류를 위협하고 있다. 바이러스는 세균의 10분의 1 크기에 구조도 단순하지만 쉽게 전파되고 변이를 잘 일으킨다는 점을 이용해 날이 갈수록 강해지고 있다. 광우병을 일으키는 물질로 잘 알려진 프라이온도 있다. 프라이온은 고작 단백질 덩어리지만 인간의 뇌에 구멍을 송송 뚫어 버리는 무서운 존재다. 세균을 죽이는 고열과 방사선에도 잘 죽지 않는다. 몸속에 소리 없이 쌓여 가는 환경호르몬과 미세 플라스틱은 인류가 새롭게 맞닥뜨린 적이다.

게다가 항생제 내성균기존의 항생제에 견디는 힘이 강한 세균의 등장으로 세균과의 싸움에서도 엎치락뒤치락하는 상태다. 질병 없는 삶은 멀고 험하기만 하다.

곰팡이에서 발견된 항생물질

흔히 최초의 항생제라고 하면 페니실린penicillin을 떠올리지만 정확한 사실은 아니다. 그보다 앞선 1911년, 독일의 세균학자 파울 에를리히가 매독을 치료하는 살바르산salvarsan을 발견했기 때문이다. 살바르산은 매독균을 죽이는 항생제였지만 안타깝게도 다른 균에는 효과가 없었다. 한 종류의 세균만 잡는다면 오늘날 생각하는 항생제와 같다고 할 수 없다. 여러 종류의 세균을 죽일 수 있는 항생제를 '광범위 항생제'라고 하는데 페니실린은 최초의 광범위 항생제다.

페니실린을 발견한 이야기는 너무나 유명하다. 영국의 세균학자 알렉산더 플레밍은 세균을 죽일 수 있는 물질을 연구 중이었다. 그는 실험에 쓸 미생물을 배양접시에서 키우고 있었다. 1928년 여름, 그는 포도상구균을 키우던 접시를 배양기인공적으로 미생물을 기르는 데 쓰는 기구에 집어넣는 것을 깜빡하고 만다. 플레밍은 그 상태로 휴가를 보내고 왔고 그제야 자신이 한 실수를 알아차렸다. 그런데 이상한 점이 있었다. 세균포도상구균이 있어야 하는 자리에 세균 대신 곰팡이가 있었던 것이다. 심지어 곰팡이가 핀 주변에는 세균이 녹아 없어진 상태였다. 플레밍은 이를 흥미롭게 보고, '곰팡이에서 나온 어떤 물질이 세균을 죽였다'라는 사실을 논문에 써서 발표한다. 그러나 논문을 본 다른 학자들은 여기에 큰 관심을 보이지 않았다. 지금은 배지에 생겨난 푸른곰팡이가 페니실린을 만들었다는 사실을 모두가 알고 있다. 하지만 당시에는 곰팡이가 항생물질을 만든다는 점을 상상조차 하지 못했던 것이다. 플레밍 역시 더 연구하지 않고 자신의 연구 성과를 구석에 처박아 두었다.

그의 논문에 흥미를 느낀 과학자들도 몇몇 있었다. 하지만 그들의 실험에서는 푸른곰팡이가 페니실린을 만들지도 못했고 세균을 죽이지도 못했다. 플레밍과 같은 방법으로 실험했는데도 그랬다. 한참 시간이 흘러서야 이유를 알 수 있었는데, 원인은 곰팡이의 종이었다. 푸른곰팡이의 여러 종 중에서도 페니실린을 만드는 종은 페니실륨 노타툼ᵖᵉⁿⁱᶜⁱˡˡⁱᵘᵐ ⁿᵒᵗᵃᵗᵘᵐ뿐이었다. 쉽게 말해 아시아 사람, 아시아 사람 중에서도 한국 사람이어야 하는데 일본, 중국 사람에게서 찾았으니 효과가 없던 것이다. 정리하면, 플레밍은 페니실린을 처음 발견한 것은 맞지만, 페니실린이 실제 사용되기까지는 11년이란 긴 세월이 걸렸다.

페니실린보다 앞서 만들어진 항생제가 있다고?

그래서 몇몇 학자들은 설파제ˢᵘˡᶠᵃⁿⁱˡᵃᵐⁱᵈᵉˢ가 최초의 항생제라 주장한다. 2차 세계대전을 배경으로 하는 영화에서 날아오는 총알에 맞은 병사가 쓰러진다. 그때 위생병이 달려와 상처에 하얀색 가루를 뿌린다. 이 가루가 바로 설파제 가루다.

2차 세계대전은 1939년에 시작해 1945년에 끝났고 설파제는 1935년부터 사용되었다. 페니실린이 일상적으로 쓰이게 된 때는 1941년이었다. 즉, 페니실린이 등장한 건 2차 세계대전의 막바지였다. 페니실린이 나오기 전까지, 그리고 나온 이후에도 설파제가 가장 대중적인 항생제였다. 그러나 설파제는 페니실린보다 효과가 떨어지고 독성이 강하다. 알레르기 같은 부작용 사례도 많아서 지금은 거의 사용되지 않는다.

설파제는 염색약을 연구하다 발견한 약이다. 특정 염색약이 인간 세포에는 염색이 안 되고 세균에게만 염색이 되는 점을 발견한 것이다. 과학자들은 이 현상을 보고 생각했다.

'세균만 염색하는 염색약이 있다면 세균만 골라서 죽일 수도 있지 않을까?'

수많은 염색약이 실험에 사용되었고, 독일의 생화학자 게르하르트 도마크가 붉은색 염료에서 가능성을 찾아냈다. 프론토질 레드prontosil red라는 염료가 연쇄상구균을 죽인 것이다. 그리고 이 염료를 세균에 감염된 쥐에게 주사해 보았더니 쥐가 회복되었다.

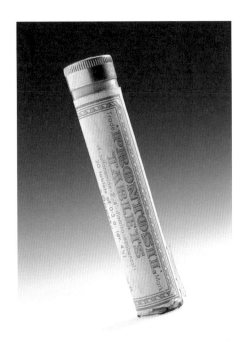

게르하르트 도마크가 개발한 설파제는 최초의 상
업용 항생제였다.

그런데 어느 날 도마크의 어린 딸이 세균에 감염되어 죽을 위기에 처한다. 자수를 놓다가 손가락을 찔려서 감염된 것이다. 바늘에 찔려서 죽을 수도 있을까? <잠자는 숲속의 공주>라는 유명한 동화가 있다. 여기에서도 공주가 물레 바늘에 찔려 100년 동안 깊은 잠에 든다. 이쯤되면 바늘에 찔려서 사람이 죽는 일이 어떻게 가능한지 이야기하지 않을 수 없다.

피부는 외부로부터 몸을 보호하는 성벽과 같다. 피부는 상피표피, 진피, 피하조직, 근육층 등 여러 층을 통해 각종 오염물질과 병원체로부터 내부장기를 보호한다. 피부에 상처가 생겼다는 말은 성벽에 구멍이 뚫렸다는 뜻이다. 외부의 세균들은 그 구멍을 통해 몸속으로 침입한다. 상처 난 자리로 처음 들어온 세균은 우리 몸에 있던 면역세포와 팽팽하게 대치한다. 서로 죽고 죽이는 싸움이 시작되면 상처 주변에서 진물이 흐르고 빨갛게 부어오르는데, 이를 염증이라 한다. 면역세포와 세균이 죽어서 시체가 쌓이면 하얀 고름이 된다. 싸움 중에 세균이 점점 밀고 나가면 다른 부분도 세균에 감염된다. 최악의 상황은 혈관으로 가는 경우다. 혈관은 온몸을 연결하는 고속도로와 같기 때문이다. 세균이 혈관을 침입하면 구석구석 돌아다니며 몸 전체에 염증을 일으킨다. 이를 '패혈증'이라 한다. 패혈증은 치사율어떤 병에 걸린 환자 중에서 그 병으로 죽는 환자의 비율이 60퍼센트나 되는 무서운 병이다.

앞의 이야기로 돌아가자. 도마크의 딸 힐데가르드 역시 이런 과정을 거쳐 사경을 헤매고 있었다. 온몸이 감염되어 고열이 났고 의식조차 희미한 상태였다. 의사들은 팔을 절단해야 한다고 말했다. 하지만 도마크는 자신이 실험하고 있던 프론토질 레드를 딸아이에게 먹였고, 딸은 기적적으로 회복되었다. 이후 도마크는 이 염료를 개발해 설파제를 만들어 냈으며 이 공로로 1939년 노벨생리의학상을 받았다.

수많은 군인의 목숨을 구하다

포스트잇은 붙였다 떼었다 할 수 있는 메모지다. 포스트잇은 강력 접착제를 개발하던 중에 실수로 끈적임이 없고 접착력도 약한 접착제를 만든 것에서 시작했다. 그런데 이 접착제를 만든 연구원은 사내에 보고만 하고 개발을 그만두었고, 같은 연구소의 아서 프라이는 이를 이용해 포스트잇을 발명했다. 결국 아무리 좋은 아이디어와 기술을 가지고 있어도 활용하지 않으면 아무 소용이 없다.

페니실린도 마찬가지였다. 플레밍이 연구를 포기하고 처박아 두었던 페니실린 논문을 무덤에서 구해낸 것은 병리학자 하워드 플로리와 생화학자 언스트 체인이었다. 이들은 설파제보다 효과적인 항생제를 찾다가 잊혀 가던 플레밍의 논문을 발견한다. 그리고 본격적으로 푸른곰팡이를 연구하면서 과거의 실험이 실패한 원인을 찾아냈다.

하나는 앞서 말했듯 곰팡이의 종이 달랐기 때문이다. 그런데 플레밍의 배양접시에는 어떻게 페니실륨 노타툼이라는 곰팡이가 내려앉은 걸까? 실험실 아래층에서 다른 과학자가 그 곰팡이를 이용해 실험하고 있었기 때문이었다. 우연히 근처에서 해당 곰팡이를 연구 중이었고, 그 곰팡이가 공기 중에 퍼져서 플레밍의 연구실로 들어갔으며, 어쩌다 보니 플레밍이 배지를 배양기에 넣지 않았다. 우연에 우연이 겹친 결과였다.

실험 실패의 또 다른 원인은 푸른곰팡이를 키우는 데 필요한 온도였다. 곰팡이는 24도에서 가장 활발하게 활동했다. 플레밍이 휴가 갔던 시기의 기온이 마침 곰팡이가 자라기에 적당했던 것이다.

이 모든 걸 알아낸 플로리와 체인은 페니실린을 만드는 데 성공한다. 그러나 새로운 문제가 나타났다. 곰팡이가 만드는 페니실린의 양이 너무나 적었다. 사용할 수 있는 모든 자원을 끌어모았지만, 작은 곰팡이가 만들어 내는 페니실린은 겨우 한 사람이 사용할 만한 양이 전부였다. 두 사람은 그렇게 힘들게 모은 페니실린으로 1941년 인체 실험을 시작했다.

실험 대상은 앨버트 알렉산더라는 경찰관으로 장미 가시에 얼굴을 찔려서 감염된 사람이었다. '겨우 장미 가시에 찔렸는데 얼마나 아프겠나?' 생각할 수 있지만 앞에 이야기한 물레 바늘을 생각해 보자. 이 경찰관은 감염 때문에 이미 왼쪽 눈을 도려낸 상태였다. 또한 세균이 온몸에 퍼져 높은 열이 나고 가래 섞인 기침을 했다. 플로리와 체인은 그동안 모은 페니실린을 알렉산더에게 주사했다. 그런데 주사를 맞기 시작하고 4일 뒤, 놀랍게도 고름과 열이 더 이상 나지 않았다. 약이 효과가 있던 것이다. 그러나 거기까지였다. 쓸 수 있는 약이 더 이상 없어서 그는 주사를 다시 맞지 못했고 증세가 다시 나빠져 1개월 뒤에 숨졌다. 하지만 페니실린의 효과를 눈으로 확인한 역사적인 사건이었다.

이 사건 이후 플로리와 체인은 미국으로 떠나 연구를 계속했다. 다행히 페니실린을 더 많이 만들 수 있는 새로운 종의 곰팡이가 발견되었고, 2차 세계대전에 쓸 페니실린이 필요했던 미국 농무부의 지원을 받을 수 있었다. 이로써 페니실린의 대량생산이 가능해졌다. 페니실린은 2차 세계대전 말부터 사용되었다. 덕분에 세균 감염으로 사망할 뻔했던 수많은 군인의 목숨을 구할 수 있었다.

흙을 모으는 과학자들

곰팡이에서 페니실린이라는 항생제를 발견한 사례는 많은 과학자에게 큰 영감을 주었다. 새로운 약이 우리 주변 별 볼 일 없는 것들 안에 있을지도 모르는 일이었다.

과학자들이 새로운 후보군으로 선택한 것은 바로 흙이었다. 흙에는 실제로 수많은 미생물이 살고 있다. 흙 속의 미생물은 세균

페니실린은 2차 세계대전 말에 사용되어
수많은 군인의 목숨을 구했다.

감염을 일으키기도 하지만 대부분은 인간을 도우며 함께 산다. 오염을 일으키는 물질을 부식시키고 영양분을 만들어 땅을 비옥하게 바꾸기도 한다. 흙 속에 있는 미생물은 보물 상자나 다름없다. 과학자들은 흙 속의 세균들을 연구하기 시작했고 많은 항생제를 발견했다.

그중 네오마이신이란 항생제는 스트렙토미세스 프라디에 Streptomyces fradiae라는 균이 만드는 물질이다. 이 균은 뉴저지의 흙에서 발견되었다. 이 성분으로 만든 연고가 앞에서 이야기한 마데카솔이다. 그 외에도 테트라사이클린, 니스타틴, 에리트로마이신, 노보비오신 등 수많은 항생물질이 흙에서 나왔다.

흙 외에도 상당수의 특이한 재료가 모두 항생제를 만든 성분이 되었다. 최초의 결핵 치료제인 스트렙토마이신은 닭의 모이주머니 안에서 발견했다. 일본의 균류학자 케이스케 츠바키는 1953년 야생원숭이의 대변을 연구하다가 푸시디움 콕시네움 Fusidium coccineum이라는 곰팡이가 만드는 퓨시드산을 발견한다. 이 퓨시드산으로 만든 연고가 바로 후시딘이다. 원숭이 대변에서 만들어진 연고라니, 항생제는 말 그대로 자연의 선물이 아닐까?

비타민, 현대인의 활력을 책임지다

약국에서 가장 많이 팔리는 영양제는 무엇일까? 바로 비타민이다. 비타민제는 영양제 판매대에서 가장 많은 자리를 차지하고 있다. 종합비타민제도 있고, 비타민D만 들어 있는 제품도 있다. 사탕이나 젤리로 된 제품도 있고, 마시는 비타민 음료도 있으니 비타민제는 사람들에게 가장 가까운 약이 아닐까 싶다.

우리 몸을 자동차에 비유하면 비타민은 작은 '나사'와 같다. 나사 없는 차를 상상해 보자. 아마 얼마 굴러가지 못하고 주저앉아 버릴 것이다. 바퀴나 운전대 같은 큰 기관과 휘발유나 경유 같은 연료가 자동차의 전부가 아니다. 작은 부품 하나하나 자동차 운행에 중요한 역할을 한다.

비타민 역시 마찬가지다. 비타민은 우리 몸에 소량으로 존재하는 영양소다. 하루에 필요한 양이 밀리그램 더 적게는 마이크로그램밀리그램의 1000분의 1 단위일 정도다. 탄수화물이나 지방처럼 에너지원으로 쓰이지도 않고 단백질처럼 근육을 만들지도 못한다. 하지만 몸속 기관들이 제대로 작동하려면 반드시 있어야 한다. 신경계 구조를 유지하거나 에너지를 내는 기관의 부품 역할을 하고, 몸속에서 만들어지는 활성산소와 독소를 해독하기도 한다. 면역계를 활성화하고 세포를 만들고 복구하는 일도 한다.

무엇보다 비타민을 먹어야 하는 가장 큰 이유가 있다. 비타민은 사람에게 꼭 필요한 성분이지만, 우리 몸이 비타민을 직접 만들어 내지 못하기 때문이다. 음식이나 영양제로 따로 먹어야 한다. 비타민은 과일, 채소, 고기, 유제품 등 다양한 식품에 들어 있다. 그래서 모든 비타민을 충분히 섭취하려면 음식을 골고루 먹어야 한다. 부모님이 밥은 골고루 먹어야 한다고 말씀하시는 이유가 여기 있다.

어디를 가든 먹을 것이 풍족한 시대에 살고 있다. 학교에서는 영양사 선생님이 관리해 주는 급식이 꼬박꼬박 나오고 마트에 가면 먹거리가 가득하다. 그래서일까? 사람들은 비타민이 얼마나 중요한지 종종 잊는다. 만약 우리 몸에 비타민이 부족하면 어떤 일이 일어날까?

선원들의 목숨을 앗아간 죽음의 병

잠시 15세기부터 16세기의 유럽으로 가보자. 사람들은 이 시기를 대항해시대라고 부른다. 유럽의 많은 나라에서 아시아와 아프리카, 저 멀리 바다 건너 신대륙을 갈 수 있는 항로를 발견하고 너도나도 바다에 배를 띄웠기 때문이다. 바다를 건너간 곳에는 유럽에서는 구할 수 없었던 광물과 식물, 진귀한 보물과 예술품, 그리고 아직 알지 못하는 세계가 있었다.

어느 날 배를 타고 여행하던 선원들 사이에 무시무시한 질병이 퍼지기 시작했다. 몸에는 멍이 생겼고 잇몸에서는 피가 흘렀다. 이 병에 걸리면 일어서지도 못할 정도로 극심한 피로를 느끼다가 끝내 죽음에 이르렀다. 사람들은 이를 '피를 흘리며 쓰러진다'라는 뜻으로 '괴혈병壞血病'이라 불렀다. 원인을 알 수 없던 이 질병 때문에 1500년부터 300년 동안 약 200만 명이 죽었다. 배가 바다로 나가서 돌아올 때면 선원의 3분의 2에서 5분의 4가 시체가 되어 돌아오는 경우가 흔했다. 당시 사람들은 감염병이 옮아서, 혹은 염분을 많이 섭취해서 이 병에 걸린다고 생각했으나 이런 추측은 오히려 괴혈병을 악화시킬 뿐이었다.

그러다 1747년 영국 군의관 제임스 린드는 이상한 소문을 듣는다. 신맛이 나는 과일을 먹으면 괴혈병을 막을 수 있다는 소문이었다. 아니 땐 굴뚝에 연기가 날까? 린드는 그 즉시 괴혈병에 걸린 선원들을 모아서 그 말이 사실인지 실험했다. 한 무리의 선원들에게는 레몬 1개와 오렌지 2개를 매일 먹게 했고 또 다른 무리의 선원들에게는 탄산수만 마시게 했다. 그 결과 오렌지와 레몬을 먹은 환자들은 괴혈병이 완전히 나았고 탄산수를 마신 환자들은 그대로였다. 오렌지와 레몬에 많이 들어 있는 비타민, 비타민의 대표 주자로 알려진 비타민C가 바로 괴혈병을 치료하는 치료제였다. 비타민이라는 개념이 없던 시대였지만 그때 사람들은 깨달았다. 인간은 빵만 먹고는 살 수 없다는 사실을, 과일과 채소에 들어 있는 어떤 성분을 골고루 먹어야 병에 걸리지 않는다는 사실을 말이다.

비타민C의 효능

가장 많이 알려져 있는 비타민이 바로 비타민C다. 비타민C의는 항산화 작용을 통해 몸의 노화와 세포 손상을 막는다. 또한 피부를 지탱하는 단백질인 콜라젠의 생성을 촉진해 피부를 좋게 한다. 감기에 걸렸을 때 비타민C를 꾸준히 먹으면 빨리 낫는다는 연구 결과도 있다.

쌀밥보다 보리밥이 좋은 이유

과거에는 비타민의 대표로 비타민C를 떠올렸다면 오늘날 비타민의 간판 자리는 '비타민B군'이 차지하고 있다. '비타민B복합체'로도 불리는데, 구조는 조금씩 다르지만 효능과 성질이 비슷한 비타민 8가지를 가리키는 말이다. 비타민B군은 피로 회복에 효과가 좋아 인기가 높다.

현대인들이 가장 많이 호소하는 증상인 피로. 피로는 사실 몸이 보내는 위험신호다. 몸이 필요한 만큼의 에너지를 제대로 만들지 못한다고 알리는 것이다. 이때 비타민B군은 우리 몸이 에너지를 만들도록 돕는다. 또한 신진대사영양분을 섭취해 필요한 에너지를 만들고 필요하지 않은 물질은 몸 밖으로 내보내는 작용를 활발하게 하고, 신경계 기능을 강화하며, 신경전달물질신경과 신경, 인체 기관 사이로 정보를 전달하는 물질 생성을 돕고, 면역체계를 강화하는 등 다양한 효능이 알려져 있다. 만능 비타민인 비타민B군의 효과가 알려진 계기 역시 선원들이었다.

때는 일본이 아시아의 패권을 장악했던 1884년이다. 태평양을 횡단하기 위해 항해 연습을 하던 일본 군함에서 선원들이 죽어 나가기 시작했다. 죽음의 원인은 각기병이었다. 각기병은 괴혈병만큼이나 많은 선원의 목숨을 빼앗았다. 다리에 통증이 생기는 질환을 한방 용어로 각기脚氣라 표현했다. 이름에서 알 수 있듯이 각기병에 걸리면 다리가 붓기 시작하고 걸을 수 없을 정도로 힘이 빠진다. 근육에서 힘이 사라져 비실대다가 심하면 사망하기에 이르렀다. 당시 군함 승무원 371명 중 절반이 각기병에 걸렸고 25명이 사망했다.

이 사건 후 다카기 가네히로라는 일본 의사가 각기병을 치료하는 방법을 연구하기 시작했다. 그는 각기병의 원인이 식사에 있는 것이 아닐까 생각했고 333명의 선원을 대상으로 9개월에 걸친 실험을 했다. 그는 선원들을 일본에서 하와이까지 가는 배에 타게 하고 빵, 육류, 생선, 우유, 채소로 이루어진 영국 해군이 먹던 방식의 식단을 제공했다. 그랬더니 항해가 끝날 때까지 실험에 참가한 선원 중 단 한 사람도 각기병에 걸리지 않았다.

다카기는 일본군 전체의 식단을 실험에 쓰인 식단으로 바꾸자고 주장했다. 하지만 문제가 있었다. 일단 선원들이 빵에 익숙하지 않다는 점이었다. 선원들은 배 밖으로 빵을 버리곤 했다. 게다가 해군과 대립 관계에 있던 육군은 자존심 때문에 고집스럽게 기존 식단을 유지했다.

다카기는 빵 대신 보리밥을 줌으로써 첫 번째 문제를 해결했다.보리밥은 쌀알의 껍질이 남아 있고, 껍질 안에는 비타민B가 풍부하다. 다카기의 선택이 옳았다는 사실은 일본이 전쟁을 벌일 때 증명되었다. 많은 일본 군인이 중국과 러시아로 파견되었는데 중국에서 쌀밥 식단을 고수하던 육군은 4,000명이 각기병으로 사망했고 식단을 바꾼 해군은 3명만 사망했다. 러시아에서도 육군은 2만 7,000명이 각기병으로 세상을 떠났지만, 해군은 인명 피해가 거의 없었다. 결국 일본군 전체가 쌀밥 대신 보리밥을 먹기 시작했고 각기병은 점차 사라졌다.

보리밥에는 비타민B가 풍부하게 들어 있다.

이럴 때는 이런 비타민을

비타민의 종류는 13가지나 되고 시중에 나와 있는 비타민제의 종류는 그보다 훨씬 많다. 각 제품에 포함된 비타민의 조합도 각양각색이다. 다양한 종류가 들었지만 각 비타민의 양이 효과가 미미할 정도로 적게 들어 있기도 하고, 종류는 적지만 각 성분이 고함량으로 알차게 들어 있기도 하다. 13가지 비타민의 효능이 아직 완벽하게 밝혀지지는 않았다. 하지만 내가 어떤 면에서 도움을 받고 싶은지 맞춰서 선택한다면 똑똑하게 비타민제를 먹을 수 있다. 어떤 비타민이 어떤 도움을 주는지 알아 두면 도움이 될 것이다.

먼저 비타민 A는 흔히 눈 영양제로 많이 쓰인다. 시신경 세포를 만드는 데 필요한 영양소이기 때문이다, 눈이 안 좋거나 자주 피곤하다면 비타민A를 기억하자. 하지만 비타민A는 부작용이 큰 영양소다. 따라서 약사와 상담하고 너무 많은 양을 먹지 않도록 주의해야 한다.

비타민B는 앞서 말했듯이 에너지를 만드는 비타민이다. 피곤하고 무기력함을 느끼는 직장인부터 공부하는 수험생, 나이 드신 어르신까지 모든 층에 인기가 많다. 건강에 특별한 이상은 없지만 활력 넘치는 삶을 살고 싶은 사람에게 가장 먼저 추천하는 비타민이다.

비타민C는 한 마디로 노화 방지 비타민이다. 비타민C의 항산화 효과는 활성산소 때문에 노화되는 과정을 막아 준다. 콜라젠 단백질을 만들어 피부 건강에도 도움을 준다.

비타민D는 잊었다가 최근 다시 주목받고 있다. 칼슘 흡수에 꼭 필요한 영양소라서 뼈 건강을 위해 많이 쓰였다. 최근에는 새로운 능력이 밝혀졌는데, 면역세포를 활성화하고 우울증을 예방해 준다고 한다. 주로 실내에서 생활하는 현대인에게 꼭 필요한 영양소라고 할 수 있다.

비타민E는 토코페롤이라는 성분이다. 항산화 효과에 관심 있는 사람이 토코페롤을 모른다면 섭섭하다. 비타민C와 비타민E는 활성산소를 제거하는 환상의 콤비기 때문이다. 비타민C는 물에 잘 녹고 비타민E는 기름에 잘 녹는다. 쉽게 말해서 활성산소로 더러워진 교실을 물걸레질하는 역할은 비타민C, 기름칠로 깨끗하게 만드는 역할은 비타민E가 맡고 있다. 노화와 염증을 막고 싶다면 비타민C와 함께 비타민E를 기억하자.

많이 먹는다고 잘 먹는 건 아니다

요즘에는 나이와 관계없이 영양제를 챙겨 먹는 친구들이 많다. 특히 수험생들은 컨디션을 조절하기 위해 약국에 가서 영양제 상담을 받기도 한다. 그런데 밥도 꼬박꼬박 챙겨 먹고, 오히려 많이 먹는 사람에게 굳이 영양제가 필요할까?

맞다. 부족한 게 아니라 많이 먹어서 문제인 세상이다. 비만 인구는 꾸준히 늘고 있고 고개만 돌려 봐도 먹을 것이 천지다. 각기병, 괴혈병, 구루병비타민D의 부족으로 뼈의 성장에 장애가 생기는 병 같은 비타민 결핍병에 걸린 사람은 이제 찾기 힘들다. 그래서 영양제를 먹을 필요가 없어 보인다.

그런데 각기병에 걸려서 병원에 오는 어린 환자들이 실제로 있다. 못 먹어서 온 환자일까? 아니다. 이 친구들이 각기병에 걸린 것은 영양 부족이 아니라 과도한 탄산음료 때문이다. 과자나 인스턴트식품, 청량음료 속 정제 설탕을 먹으면 몸속 효소들이 이를 처리하기 위해 영양소를 사용한다. 이때 비타민 B1인 티아민이 엄청나게 쓰여 사라진다. 우리 몸의 비타민을 정제 설탕이 훔쳐 가는 것이다. 즉, 우리가 많이 먹는다고 해서 비타민 결핍에서 안전하지는 않다.

나쁜 생활 습관 역시 비타민을 앗아가는 주요인이다. 스트레스를 자주 받고, 인스턴트를 먹으며, 술을 마시고, 담배를 피우는 등의 생활 습관이 인류를 비타민 결핍 상태로 만들고 있다.

아프지 않기 위해 먹는 약이 영양소를 빼앗아 가기도 한다. 이를 드럭머거drug muggers라고 부르는데 약물이 다른 영양소의 결핍을 가져오는 현상을 말한다. 대표적으로 당뇨병약과 혈압약은 비타민B를 소모하고 아플 때 먹는 소염진통제는 비타민C 결핍을 가져온다. 그 외 위장약과 항생제, 스테로이드제와 피임약, 정신과 약과 변비약까지 다양하다. 약은 질병을 치료해 주는 대신 영양소를 고갈시킨다는 부작용을 안고 있다.

우리나라 사람들의 건강 통계를 살펴보면 섭취기준_{건강을 유지하기 위해 필요한 영양소의 섭취량을 정해 놓은 기준}보다 부족하게 먹는 사람이 얼마나 많은지 알 수 있다. 비타민A는 인구 전체의 40퍼센트가 부족하게 섭취하고 있으며 비타민B군은 25~40퍼센트 사이, 비타민C는 점차 늘어나 70퍼센트나 부족하게 섭취하고 있다. 결국, 얼마나 많이 먹느냐가 아니라 어떤 것을 어떻게 먹느냐가 중요하다.

한 알의 기적

약국이나 슈퍼에서 파는 비타민C 드링크제를 모르는 사람이 있을까? 작은 병 하나에 비타민C가 대략 500밀리그램이나 들어가 있고 달기까지 해서 인기가 많다. 그런데 비타민C가 풍부하다는 레몬으로 이 양을 채우려면 레몬을 몇 개나 먹어야 할까? 자그마치 20개를 먹어야 한다. 신맛을 아무리 좋아해도 20개는 힘들지 않을까? 걱정하지 말자. 신맛이 싫다면 사과를 먹으면 된다. 대신 하루에 60개를 먹어야 한다.

채소와 과일로 '결핍되지 않을 만큼' 비타민을 먹는 일은 어렵지 않다. 그러나 비타민이 인체에 가져다주는 '이로운 효과'를 얻기 위해 필요한 양을 과일과 채소로 섭취하는 것은 매우 어렵다.

다른 비타민은 어떨까? 비타민E의 1일 권장 섭취량은 15밀리그램이다. 이는 토마토 15개 또는 아몬드 1컵 분량이다. 조금 도

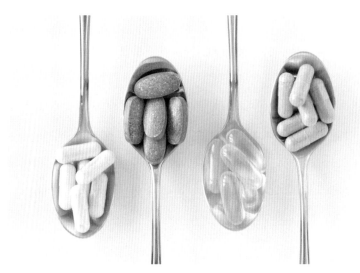

비타민제 한 알이면 몸에 필요한 비타민을 채울 수 있다.

전해볼 만도 할 것 같다. 비타민D는 햇볕을 쬐면 몸에서 자연스럽게 만들어진다. 하지만 쉬운 일이 아니다. 1주일에 2~3회씩 손과 얼굴 부위가 화상 입을 정도의 강도로 햇볕을 쬐어야 한다.

대신에 우리는 비타민제로 이를 해결할 수 있다. 요즘은 여러 종류의 비타민을 알약에 넣어서 하루 한 알이면 비타민을 충분히 먹을 수도 있다. 얼마나 다행인지! 비타민을 챙겨 먹으면 몸도 덜 피로하고 하루를 무사히 보내는 데 큰 힘이 된다. 매일 비타민 한 알로 활기찬 생활을 시작해 보는 건 어떨까?

지사제, 고통스러운 배탈을 막다

해외여행을 갈 때는 가방 안에 여러 가지 물건을 넣어 간다. 이때 의약품은 빼놓을 수 없다. 그중에서도 반드시 챙겨야 하는 약이 바로 설사를 멈추게 하는 약인 지사제다. 낯선 곳으로 여행을 가면 배탈과 설사로 고생할 수 있기 때문이다.

여행지에서 배가 아파 고생하는 사람이 생각보다 많다. 통계에 따르면 해외여행자의 50퍼센트나 되고 매년 1,000만 명에 달한다고 한다. 세균과 바이러스, 기생충에 감염 되어 생긴다. 그중 특히 독소원성 대장균이라는 세균이 만드는 독소가 결정적인 원인이다. 하루 500밀리리터 이상의 수양성 설사^{대변이 물처럼 나오는 설사}와 4, 5회 이상의 잦은 배변이 특징이다.

지사제는 물갈이 약이라고도 불린다. 물갈이는 평소 마시던 물

대신 다른 지역의 물을 마셔서 생기는 병이라는 뜻이다. 의학 용어로는 여행자 설사travveller's diarrhea라고 한다. 여행지에서 겪는 설사, 복통, 고열 증상, 복부 불편감을 통틀어서 일컫는다.

우리나라 사람들은 여행자 설사를 물갈이라고 부르면서 물이 유일한 원인이라고 생각하지만 사실은 그렇지 않다. 여행자 설사는 어패류, 육류, 채소, 과일, 오염된 음식 등 다양한 경로를 통해서 생긴다. 다행히도 대부분은 하루에서 이틀 정도 지나면 저절로 증상이 나아진다. 그러나 여행을 가서 배가 아프면 고생이 이만저만이 아니다. 게다가 모처럼 간 여행이라면 그 시간과 돈이 너무나 아깝다. 그래서 여행 갈 때는 지사제가 필수다. 지사제는 물갈이 증상을 효과적이고 빠르게 완화해 주는 고마운 약이다.

간디의 저주, 파라오의 저주

옛날 사람들도 다른 지역으로 여행을 떠나는 경우가 있었다. 다만 오늘날 우리처럼 관광하기 위해서는 아니고 대부분 식민지 정복이나 전쟁, 탐사와 조사가 목적이었다. 물론 그때도 여행자 설사는 낯선 땅에 도착한 사람들을 괴롭혔다. 그러나 당시 사람들은 이 병을 그 땅에 대대로 살던 사람들의 저주라고 생각했다.

식민지 정복이 한창이던 제국주의시대1871~1914년로 가보자. 전 세계를 호령하며 대영제국이라 불리던 영국은 인도의 값싼 노동력과 향신료 농장에 눈독을 들였다. 영국은 식민지의 무역을 총

괄하는 동인도 회사를 앞세워서 인도 대륙을 정복해 갔다.

인도를 지배하기 시작한 영국이 가장 먼저 손을 뻗은 것은 인도의 주요 수입원이었던 면직물 사업이었다. 당시 인도는 면직물을 수출해 생계를 이어 가고 있었다. 하지만 훨씬 값싼 영국산 면직물이 들어오며 인도는 무너지기 시작했다. 이윤에 눈독을 들인 많은 영국인이 옷감을 들고 인도로 넘어갔다. 인도 땅을 밟기만 하면 일확천금힘들이지 않고 단번에 얻는 많은 재물이 보장된 셈이었다.

그런데 예상치도 못한 문제가 생겼다. 인도로 간 영국인들이 원인을 알 수 없는 병으로 고생하는 일이 잦아졌다. 증상은 항문이 불타오르는 듯한 느낌과 설사였다. 인도에 있는 영국인 병원에는 배를 부여잡고 화장실을 들락날락하는 영국인들로 종일 가득했다.

영국인들은 이 병을 인도를 침략해서 받은 저주라고 생각하고 '간디의 저주'라고 불렀다. 당시 영국의 침략에 저항한 대표적인 인물인 마하트마 간디의 이름에서 나온 이름이었다.

이와 비슷한 일은 사실 아메리카 대륙에서 먼저 일어났다. 1800년대 초, 목화의 재배지를 늘리고 싶었던 미국 정부는 옆 나라인 멕시코 정부와 영토 문제로 갈등을 빚었다. 이는 결국 1846년 멕시코 전쟁을 일으키는 도화선이 되었다. 그러나 멕시코 원주민들은 무장한 미군의 상대가 되지 못했다. 파죽지세적을 거침없이 물리치고 쳐들어가는 기세로 나아간 미국군은 멕시코의 땅 일부분을 점령하는 데 성공했고, 오늘날 우리가 아는 광대한 영토를 차지했다.

하지만 이상한 일이 벌어졌다. 영토를 늘려 가고 전쟁을 치르는 도중에 점점 많은 미국 군인이 혈변과 설사로 고통을 받았다. 원인조차 알 수 없었던 설사병에 걸린 군인들은 과거 멕시코 대륙에서 거대한 문명을 지배하던 한 황제를 떠올렸다. 아스테카 제국의 황제였던 몬테수마였다. 사람들은 이 병을 '몬테수마의 복수'라고 불렀다. 지금은 멸망한 문명의 지배자이자 자신들이 죽였던 멕시코 원주민들의 조상이 저주를 내렸다고 생각한 것이다.

20세기 초 중동에서도 비슷한 일이 있었다. 당시 이집트는 수많은 부호와 고고학자로 붐볐다. 왕가의 무덤과 피라미드, 그리고 그 안에 있는 신비한 보물 때문이었다. 영화 <인디아나 존스> 시리즈의 등장인물 같은 복장을 한 사람들은 왕가의 무덤을 밤낮으로 파헤쳤다. 하지만 신성한 무덤을 파헤친 자들에게는 무서운 저주가 내리는 법이다. 영화에 나오는 살아 움직이는 미라나 유령, 식인 딱정벌레 떼는 아니었다. 바로 고통스러운 복통과 설사였다. 사람들은 이를 '파라오의 저주'라 불렀다.

이처럼 여행자 설사는 시대와 문화에 따라 다양한 이

> **여행자 설사 예방법**
>
> 공중보건의와 예방 전문가 들이 격언처럼 여기는 말이 있다. '끓이고, 요리하고, 껍질을 벗겨라. 아니면 먹을 생각 마라!' 여행지에서는 날것이나 조리되지 않은 음식은 되도록 피하는 편이 좋다. 과일이나 갑각류는 껍질과 껍데기를 벗겨서 먹자. 손발을 깨끗이 씻는 것은 당연하다.

름으로 불렸다. 식민지 침략과 정복, 강한 제국과 자본, 권력을 추구한 이방인들은 당연히 반가운 존재가 아니었다. 침략자들 역시 이를 잘 알고 있었다. 따라서 그들은 낯선 땅에서 겪는 알 수 없는 병이 침략에 대한 저주이자 벌이라고 생각했다.

저주를 물리친 최초의 지사제

1800년대 초까지 사람들은 여행자 설사의 원인을 제대로 이해하지 못했다. 몸 안에 있는 어떤 독소가 설사를 일으킨다고 어림짐작하고, 아주 거친 치료 방법을 사용했다. 독소를 몸 밖으로 빼내기 위해서 항문으로 물약을 집어넣어 변을 배출시키는 '관장 요법'과 피마자유피마자 열매의 씨로 짠 기름를 이용한 '구토 요법'을 동원했다. 이 방법은 운이 좋으면 효과가 있었지만 부작용이 더 컸다. 가뜩이나 설사로 수분이 부족한 환자의 몸이 관장과 구토 때문에 더욱 메말라 버렸기 때문이다. 심한 탈수증상으로 죽는 환자도 많았다. 이에 안전하면서 효과적인 지사제를 찾으려는 노력이 이어졌다.

최초의 지사제는 1차 세계대전 중에 포로수용소에서 발견되었다. 설사병이 유행했는데, 이상하게도 어떤 군인들은 병에서 빨리 회복되고 어떤 군인들은 그러지 못했다. 차이를 조사하니 빨리 회복한 군인들은 근처 과수원에서 사과를 따 먹었던 이들이었다. 사과 안에 많은 펙틴pectin이라는 성분이 장의 독소를 빨아

사과에 들어 있는 펙틴은 설사를 멎게 한다.

들여 설사병을 치료한 것이다. '사과 한 알이면 의사와 멀어진다'라는 영국 속담이 여기서 유래되었다. 이후 1936년 의학자들은 점토 속의 카올린kaolin 성분과 펙틴을 결합한 카오펙테이트kaopectate라는 지사제를 출시했다. 이 성분은 오랫동안 효과적인 지사제로 쓰였고 현재는 이 성분과 비슷한 비스무스bismuth라는 성분이 대신 쓰이고 있다.

지나친 장의 운동을 억제해서 설사 배출량을 줄이는 원리의 지사제도 있다. '장운동 억제제'라고 불리는 이 약은 1969년에 만들어졌다. 다국적 제약사 얀센을 설립한 폴 얀센이 합성한 로페라마이드loperamide다. 지금도 약국에 가면 이 성분이 들어간 약을 찾을 수 있다.

1970년대에 들어서는 설사병을 일으키는 세균에 대한 연구 결과가 속속 발표되었다. 그리고 장내에 있는 세균들을 죽이는 항생제가 개발되어 더 효과적으로 설사병을 치료할 수 있게 되었다.

러시아를 정복한 설사약

어르신들은 '설사할 때 먹는 약' 하면 바로 '정로환'을 떠올린다. 정로환은 그만큼 대표적인 지사제다. 어느 약국에 가도 정로환 1병쯤은 꼭 있을 정도다. 그러나 젊은 사람들에게 친숙한 모양의 약은 아니다. 염소똥같이 생긴 데다가 특유의 강한 냄새 때문에 꺼려지기 때문이다. 하지만 이 약은 효과가 매우 좋다.

약의 이름이 왜 정로환일까? 러일전쟁 당시 여행자 설사로 고통받는 일본군을 구했기 때문이다. 1904~1905년 일어난 러일전쟁은 한반도와 만주에 대한 지배권을 둘러싸고 러시아와 일본 사이에 일어난 전쟁이다. 전쟁은 랴오둥반도 남쪽 뤼순항에 있던 러시아 함대를 일본 함대가 공격하면서 시작되었다. 일본군은 인천에 상륙한 후 거침없이 만주까지 진출해 나갔다. 그런데 만주 선양 지역에 머무르던 병사들이 원인 모를 설사와 복통으로 쓰러지기 시작했다. 이는 일본군의 발목을 잡았다.

이에 고심하던 일본 정부는 장 기능을 좋게 하고 설사를 멈추게 하는 약을 개발하는 공모전을 개최했다. 여러 제약사가 경쟁에 뛰어들었고 최종적으로 다이코제약에서 만든 약이 뽑혔다. 훗날 전쟁에서 승리한 일본은 이 약을 '러시아를 정복한 약'이라는 뜻으로 정로환征露丸이라 불렀다.

설사와 복통을 멈추게 하는 정로환은 효과가 워낙 좋았기에 한국으로 넘어와서도 널리 쓰였다. 우리나라에서는 동성제약이 비법을 전수받은 후 정복한다는 뜻의 정征 대신 바를 정正 자를 써서 약국에서 판매하고 있다.

정로환에서는 말로 설명할 수 없는 특이한 냄새가 강하게 난다. 응급실이나 수술실에서 나는 소독약 같은 냄새다. 살균작용을 하는 크레오소트 때문이다. 최근에는 당분으로 약을 코팅해 냄새를 없앤 당의정도 나왔다. 하지만 냄새가 나야 효과가 좋다고 생각하는 사람들이 많아 냄새가 강한 약도 함께 팔고 있다. 원조 정로환은 유리병을 뚫고 나오는 특유의 냄새만으로도 구분할 수 있다.

흙으로 만든 안전한 약

옛날에는 동네마다 흙 먹는 아이가 한 명씩 있었다. 이를 전문용어로 '토식증geophagy'라고 한다. 토식증의 원인은 아직 확실하지 않다. 철이나 아연 같은 미네랄 성분이 몸에 부족해서 본능적으로 점토를 통해 보충하려 한다는 의견도 있고, 식욕이 채워지지 않아서 흙을 퍼먹는다는 의견도 있다. 또는 스트레스와 강박증 때문이라는 말도 있다. 학자들은 적어도 이 토식증이 아주 오래전부터 여러 문화에서 있었다는 사실에는 모두 동의한다.

누구나 한 번쯤 흙을 먹는다. '무슨 말이야? 나는 흙을 먹어 본적이 없는데?'라고 생각할 수 있다. 하지만 짜 먹는 지사제나 설사 시럽의 주성분은 흙이다. 정확히 말하면 흙에서 나온 스멕타이트smectite라는 성분이다.

흙에서 나오는 스멕타이트는 해로운 물질과 세균, 독소를 떼어 낸다.

점토가 치료 목적으로 쓰인다는 사실에 의아하겠지만 그 역사는 아주 오래전 고대로 거슬러 올라간다. 마땅한 치료 약도 없던 시절에 몸이 아프면 점토를 사용했다. 어떻게 점토가 약으로 쓰일 수 있었을까? 미술 시간에 사용하는 지점토를 떠올려 보면 알 수 있다. 끈적끈적하다. 점토는 해로운 물질과 세균, 독소들에 들러붙어서 그것들을 몸에서 떼어 낸다.

인류 역사에서 점토가 처음 사용된 분야는 피부 미용이었다. 피부에 진흙을 바르면 진흙이 모공 속 나쁜 물질을 빨아들여 피부를 건강하게 만들어 준다. 장 점막을 치료할 때도 같은 원리다. 진흙은 장속의 해로운 균을 빨아들이고, 점막의 상처나 궤양을 덮어 보호하기 때문에 복통과 설사를 탁월하게 치료한다. 게다가 점토는 몸에 흡수되지 않고 바로 배출되기에 아이들도 먹을 수 있는 매우 안전한 약이다. 그래서 요즘도 빨아 먹는 지사제나 아이들을 위한 시럽에 점토를 사용한다.

그뿐만 아니다. 점토 안에 들어 있는 미네랄 성분이나 이로운 균들이 몸속 나쁜 균이 성장하지 못하도록 막기도 한다. 몇몇 학자들은 점토에서 세균을 물리칠 해답을 찾으려 한다. 실제로 화산 지역의 점토 성분이 궤양 증상 치료에 도움이 되었다는 연구 결과도 있다. 어쩌면 흙을 퍼먹던 아이는 점토의 치료 효과를 알고 있었던 것은 아니었을까?

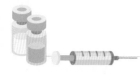

진로 찾기 **개국 약사**

‘약사’라는 단어를 들으면 바로 떠오르는 이미지는 무엇일까? 아마 동네 약국에서 환자들을 맞이하는 사람을 떠올릴 것이다. 실제로 약학대학 졸업 후 약사면허증을 받고 사회에 나갔을 때 가장 많이 진출하는 분야가 개국 약사다. 개국 약사는 쉽게 말해 자기 약국을 운영하는 약사다.

대개 졸업 후 바로 자기 약국을 차리기보다는 먼저 다른 약국에서 일하며 월급을 받는 근무 약사로 일을 시작한다. 그러면서 약사로서의 업무 능력을 키우고 더불어 약국 운영에 필요한 전반적인 지식을 습득한다. 그 후에 자신의 약국을 차린다.

개국 약사의 가장 큰 장점은 전문직자영업자라는 점이다. 즉, 약국은 약사만 차릴 수 있다. 약국을 차리고 싶으면 약사면허증이 있어야 한다. 그래서 약국은 자영업이지만 다른 업종에 비해 경쟁이 심하지 않다.

약국을 차린 약사가 곧 사장이라는 것도 큰 장점이다. 자율성이 보장되기 때문이다. 다른 사람의 눈치를 보지 않아도 되고 열심히 일한다면 열심히 일한 만큼 이익을 얻을 수 있다. 만약 '워라밸_{일과 생활의 균형}'을 중요시하는 사람이라면 근무 약사를 고용해서 그 시간에 다른 활동을 해도 된다.

그렇다면 개국 약사는 어떤 일을 할까? 가장 중심에는 약을 만드는 조제 업무와 약 먹는 방법을 설명하는 복약지도 업무가 있다. 그 외에도 건강 상담을 해주고 증상에 맞는 약에 대한 정보를 주는 일을 한다. 약국 운영도 당연히 개국 약사의 역할이다. 하나의 약국을 운영하는 것은 하나의 회사를 운영하는 것과 같다. 따라서 약국 운영에 필요한 경영학적 지식, 세금에 대한 지식, 근로자 고용에 대한 지식도 미리미리 공부해 두면 나중에 약국을 운영할 때 도움이 많이 될 것이다.

물론 어려운 점도 있다. 가장 큰 단점은 약국이라는 공간에 매여 있어야 한다는 점이다. 작은 약국에서 오랫동안 일하다 보면 지겹게 느껴질 수 있다. 근무시간이 긴 것도 단점이다. 약국은 보통 근처에 있는 병원의 운영 시간과 맞춰서 비슷하거나 더 오래 운영한다. 근처 병원이 주말에도 연다면 약국도 주말에 열어야 하는 경우가 많다. 따라서 개국 약사로 일하려면 장시간의 노동을 버틸 수 있는 체력을 길러야 한다.

약국 운영은 약사가 어떻게 하느냐에 따라 흥할 수도 망할 수도 있다. 따라서 부담스럽기도 하지만 그만큼 성취감이 큰 직업이다.

알고 있는 제약사 이름을 이야기해 보자. 유명한 회사 이름이 몇 개 생각날 수도 있겠다. 코로나 백신이 이슈가 되면서 약에 관심이 없던 사람들도 다국적 제약사인 독일의 화이자, 영국의 아스트라제네카, 미국의 모더나 이름 정도는 알게 되었다.

제약사는 최첨단 기술을 이용해 새로운 약을 연구하는 곳이다. 인류에게는 아직 정복해야 하는 질병이 많이 있기에 제약사의 발전 가능성은 무궁무진하다. 그래서인지 약학대학을 졸업하고 다국적 제약사에 들어가기를 꿈꾸는 젊은 약사가 많이 늘어났다.

제약사에 입사한 약사는 무슨 일을 할까? 제약사 직원의 역할은 다양하다. 먼저 약이 생산되는 공장에서 약이 제대로 만들어지는지 관리하는 약사가 있다. 제조와 품질을 관리하는 약사를 두는 것은 법에서 정한 내용이다. 제조·품질관리 약사는 약이 만들어지는 과정이 제대로 진행되는지, 약에 불순물이 들어가지는 않는지, 생산과정에 생기는 다른 문제는 없는지 전반적으로 관리한다.

마케팅 영역에서 일하는 약사도 있다. 약은 전문 지식의 결정체다. 따라서 약을 처방하고 사용하게 될 의사와 약사 들에게 약을 판매하려면 전문가 수준의 마케팅 자료가 필요하다. 그래서 약의 전문가인 약사들이 제약사 마케팅 부서의 학술 마케팅 분야에서 일한다.

가장 많이 알고 있는 제약사 약사의 일은 당연히 신약 개발이다. 무無에서 완전히 새로운 약을 창조해 내는 것만 신약 개발이라고 하지 않는다. 기존의 주사약을 사용하기 쉽게 먹는 약으로 개발하면 신약이 될 수 있고, 특정 약물의 화학적 구조를 살짝 변형시켜서 비슷하지만 더 좋은 효과를 내는 약을 만든다면 이 역시 신약 개발이라고 할 수 있다. 이렇게 다양한 방법으로 신약을 발견하거나 개발해 내는 분야 역시 제약사에 소속된 약사의 역할이다.

약사가 일할 수 있는 또 다른 영역은 바로 임상시험 연구 개발 분야다. 이 분야에서 일하는 사람을 CRA Clinical Research Associate, CRM Clinical Research Manager이라고 하는데 임상시험관리자라고 이르기도 한다. 쉽게 말해서 '임상시험이 안전하고 정확하게 진행되도록 관리하는 사람'이다. 신약을 개발했다면 당연히 약의 효과를 실험해야 한다. 그렇다고 아무 환자나 몇 명 데려와서 약을 투여해 보고 판매할 수는 없다. 그래서 임상시험관리자들은 전국, 전 세계에서 약의 효과를 실험할 수 있는 환자들을 모집·선정하고, 실험을 진행할 의사를 교육하고, 실험 과정을 계획한다. 임상시험은 신약의 출시 여부를 결정짓는 중요한 요소다. 보통 1상, 2상, 3상에 걸쳐 시험한다. 그리고 시험이 진행된 결과를 우리나라의 식품의약품안전처와 세계 각국의 의약품 담당 부처에 제출해 허가를 받는다.

약사들이 제약사에 들어가는 이유는 무엇일까? 다른 사람들과 함께 일하는 회사 생활이 적성에 맞아서 선택하기도 하고, 신약을 개발하고 싶다는 꿈을 이루기 위해 입사하기도 한다. 제약사 연구원으로 일하면 항상 새로운 기술을 접할 수 있기 때문에 공부를 더 하고 싶어서 들어가기도 한다.

여러 나라에 지사를 두고 있는 다국적 제약사에 들어가면 복지도 좋고 다른 나라 연구원들과 소통할 기회도 많다. 약사로서 더 넓은 세계를 경험하고 싶다면 제약사에 도전해 보는 것은 어떨까?

2장

약으로
재앙에 맞서다

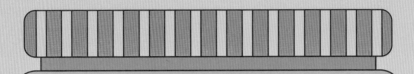

백신은 면역력이라는 예방책을 통해
우리 몸을 지켜 준다.
많은 사람이 백신을 맞으면 사회 전체가 안전해진다.

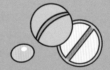

백신, 세상을 안전하게 지키다

코로나19가 전 세계를 강타한 이후 한동안 사람들의 관심은 '그래서 백신은 언제 나올까?'였다. 2021년 현재 많은 제약사가 백신 개발에 성공했고 우리나라를 포함한 여러 나라에서 백신을 접종하고 있다. 조만간 좋은 결과가 나타나리라 기대해 본다.

백신은 특이한 약이다. 백신은 엄밀히 말해 치료제가 아니다. 치료제는 말 그대로 상처나 질병을 치료하는 약이기에, 치료제라면 병에 걸린 환자에게 사용해야 한다. 하지만 백신은 병에 걸리지 않은 사람들이 맞는다. 우리나라 정부에서는 '국가예방접종 지원사업'을 통해 백신이 필요한 계층이 예방접종을 받도록 지원한다.

왜 아프지 않은 사람이 주사를 맞는 걸까? 주사는 아픈 사람이 맞아야 하는 것 아닐까?

면역계의 훈련 담당자

"요즘 바이러스가 유행인데 면역력에 좋은 약 없나요?"

코로나바이러스가 유행한 이후 약국을 찾는 환자들이 가장 많이 하는 질문이다. 면역력이란 무엇일까? 면역력에 좋은 약이 있을까?

우리 몸에는 원래 몸의 성분이 아닌 물질이 들어올 수 있다. 세균이나 바이러스가 그렇고 미세먼지와 꽃가루도 그중 하나다. 생각해 보면 음식물이나 약도 우리 몸의 성분이 아니지만 몸으로 들어오는 외부 물질이다. 이런 것을 전문용어로 '항원'이라고 한다.

항원을 무서운 호랑이에, 우리 몸을 마을에 비유해 보자. 호랑이가 마을에 몰래 들어오려고 하지만 그때 호랑이의 침입을 알리는 비상 사이렌이 울린다. 마을을 지키는 사냥꾼이 무기를 들고 나와서 호랑이를 잡기 위해 분주히 움직인다. 결국 호랑이는 마을에 들어가지 못한 채 붙잡히고, 사냥꾼들은 마을을 보호한다.

이렇게 항원이 우리 몸에 침입하지 못하도록 방어하는 작용을

'면역'이라고 한다. 면역을 담당하는 사냥꾼들은 '면역세포'라고 부른다. 나이가 들거나 몸이 약해지면 병에 걸리기 쉬운데, 이는 몸을 지키는 사냥꾼의 수가 줄어들거나 약해져서 호랑이가 쉽게 침입하기 때문이다. 면역력을 지키는 데는 충분한 휴식과 균형 잡힌 영양 섭취가 무엇보다 중요하다.

면역세포는 게임을 하듯 경험치를 쌓아서 진화하는 아주 똑똑한 존재다. 우리가 어떤 질병을 앓고 나면 그 질병에 맞는 대응책을 마련하기 시작한다. 여러 질병을 앓고 회복한 몸은 '산전수전 다 겪은 베테랑 사냥꾼'과 같다. 다음번 찾아올 호랑이에 맞설 준비가 충분히 되어 있다. 호랑이가 침입했던 동선에 그물망도 설치하고, 녀석의 습성을 파악해서 덫도 놓고, 녀석을 효과적으로 죽일 수 있는 총도 개발한다. 그래서 한번 앓고 난 병에 다시 걸리면 더 빨리 회복할 수 있다. 아예 그 병에 걸리지 않을 수도 있다. '잔병치레가 많으면 오래 산다'라는 말이 있는데 바로 이런 이유가 아닐까?

그러나 베테랑이 되기 위해 꼭 호랑이를 만나야 하는 것은 아니다. 초보 사냥꾼도 훈련을 받을 수 있다. 백신은 우리 몸의 사냥꾼들을 훈련하는 교관이다. 백신은 호랑이를 본 적 없는 사냥꾼들에게 이빨 빠진 호랑이를 데려와서 보여 준다. "자, 이렇게 생긴 게 바로 호랑이입니다. 호랑이의 습성은 이러하고 저러합니다. 잡을 때는 이렇게 잡으세요." 그러면 처음 사냥에 나선 초보 사냥꾼도 실제 호랑이를 만났을 때 쉽게 대처할 수 있다.

교관의 훈련 방식이 여러 가지 있듯이 백신의 종류도 여러 가지다. 어떤 백신은 호랑이를 닮은 살쾡이를 데려와서 훈련할 수도 있고, 다른 백신은 죽은 호랑이나 이빨 빠진 호랑이를 데리고 훈련하기도 한다. 코로나바이러스 백신은 mRNA 백신이라는 새로운 기술로 개발되었다. 쉽게 설명하면 호랑이를 만들 수 있는 설계도를 가지고 훈련을 시키는 백신이다. 그래서 훨씬 안전하고 예방 효과도 크다고 알려져 있다.

정리하자면 백신은 특정 질병에 대한 '면역'을 미리 가질 수 있게 도와준다. 즉, 백신은 질병을 '예방'한다. 교통사고의 피해를 줄이는 가장 최고의 방법은 사고가 일어나지 않는 것, 즉 사고를 예방하는 것이다. 교통사고가 일어났을 때 신속히 대처하는 것도 중요하지만 애초에 교통사고가 일어나지 않도록 예방책에 신경을 써야 한다. 병도 마찬가지다. 한번 질병이 유행하고 많은 사람이 걸리면 그로 인해 생기는 개인적 손실과 사회적 손해가 정말 크다. 그래서 전 세계 모든 국가에서 질병을 치료하는 치료제만큼이나 예방할 수 있는 백신을 찾는 것이다. 다시 말해 백신은 면역력이라는 예방책을 통해 우리 몸을 지켜 준다.

영국 의사 제너가 만든 최초의 백신

오래전 우리나라에는 '호환 마마'라는 말이 있었다. 호랑이가 가져오는 재앙이란 뜻으로 어떤 병의 이름이었다. 이 병에 걸리면 온몸에 발진작은 종기가 광범위하게 돋는 증상과 물집이 생겨서 징그럽게 변했다. 그리고 온몸이 붓고 열과 구토를 하다가 죽음을 맞았다. 호환 마마의 다른 이름은 '천연두'이다.

천연두는 지금은 사라진 질병이다. 그래서 우리에게는 익숙하지 않다. 하지만 백신이 발견되기 전만 해도 많은 사람을 죽음으로 몰아넣은 무서운 감염병이었다. 18세기 유럽에서는 매년 40만 명이 천연두 때문에 세상을 떠났다. 천연두는 마추픽추로 유명한 잉카문명과 아스테카문명을 멸망시켰다. 유럽에서 전파된 천연두에 의해 아메리카 대륙에 살던 원주민 수가 10분의 1로 줄었고, 이 때문에 스페인군에게 쉽게 무너져 멸망해 버렸다.

그렇다면 백신을 처음 발명한 사람은 누구일까? 18세기 중반 영국에서 활동했던 의사 에드워드 제너다. 그는 특이한 사실을 발견했는데, 소 젖을 짜는 사람들은 천연두에 잘 걸리지 않는다는 점이었다. 조사해 보니 우두라는 병에 걸린 경험이 있으면 천연두에 걸리지 않았다. 소가 걸리는 우두는 천연두와 사촌 정도 되는 병이다. 증상이 비슷하지만 천연두보다 약했고, 사람이 걸렸을 때 증상이 심하지 않았다.

제너는 여기서 아이디어를 얻어 한 가지 실험을 한다. 우두에 걸린 소의 고름을 채취해서 자기 집 정원사의 아들인 제임스 핍스라는 소년에게 주사한 것이다. 소년은 우두에 걸려서 열이 나고 몸이 피로해지는 가벼운 증상을 겪었지만 이내 회복했다. 6주가 지난 뒤 제너는 핍스에게 천연두 환자의 고름을 주사했다. 요즘 같으면 아동학대로 잡혀갈 일이다. 하지만 놀랍게도 핍스는 멀쩡했다. '우두를 앓은 사람은 천연두에 걸리지 않는다'는 가설이 증명된 순간이었다.

사실 제너가 천연두 백신을 발견하기 이전부터 민간에서 사용하던 천연두 예방법이 있었다. 건강한 사람의 팔에 상처를 내고 천연두 환자의 고름이나 딱지를 접종하는 방법인데, 이를 인두법이라고 한다. 인두법 역시 천연두에 대한 면역을 만들었지만 심각한 문제가 있었다. 오히려 멀쩡한 사람들이 천연두에 감염되어 죽는 위험이 있던 것이다. 반면 제너의 우두법은 접종을 받아도 증상이 가볍게 지나갔고 천연두도 예방할 수 있었다.

하지만 처음 제너가 우두법을 발표했을 때 많은 과학자가 그를 비난했다. 당시 백신이란 것은 너무나 생소하고 말도 안 되는 약이었다. 백신을 맞으면 자신이 소로 변할 거라고 생각한 사람들도 있었다.

보통 사람이라면 이쯤에서 물러섰을 것이다. 하지만 제너는 포기하지 않았다. 자신의 돈을 들여 가며 천연두 백신을 사람들에게 접종해 주었고 그간 쌓은 노하우도 사람들에게 알려 주었다. 그의 헌신적인 노력 덕분에 백신은 마침내 그 기능을 인정받았다. 위험한 인두법을 금지하고 우두법을 시행한 덕분에 많은 사

에드워드 제너는 천연두를 종식시킨 사람이다.

람이 목숨을 구했다.

백신은 유럽과 미국 대륙, 아시아를 포함해 전 세계로 퍼졌다. 천연두는 인류가 종식시킨 최초이자 유일한 병이 되었다. 제너는 백신의 아버지로서 단번에 스타가 되었다. 당시 영국의 철천지원수나 다름없던 프랑스에서도 인정할 정도였다. 제너는 백신에 대한 특허를 포기할 만큼 돈 욕심이 없었다. 그런데 수많은 국가에서 상금과 기부금을 엄청나게 많이 보내 줘서 부유하게 살았다.

모두 함께 비를 피하는 방법

"빌 게이츠가 만든 코로나 백신에는 짐승의 표인 666 마이크로칩이 들어 있다. 이것은 인류를 마음대로 조종하기 위한 정부와 빌 게이츠의 음모다."

음모론을 진지하게 받아들이지 않아도 호기심과 심심풀이로 한 번쯤 볼 때가 있다. 세계를 지배한다는 단체 일루미나티, 미국 대통령이 사실은 도마뱀 인간이라는 렙틸리언설, 삼성이 외계인을 붙잡아 고문해서 기술을 개발한다는 외계인 고문설 등 말도 안 되지만 웃음이 나오는 음모론이 많다. 코로나 백신 666칩설도 그런 종류의 음모론이다. 사실 백신에 대한 음모론은 백신이 등장한 이래로 꾸준히 있었다. 제너가 우두로 만든 백신을 가져왔을 때 종교계에서는 '악마의 기술'이라 했다.

정부에서는 매년 백신 접종을 권장한다. 질병관리청 예방접종 도우미https://nip.kdca.go.kr/irgd/index.html에 들어가면 사람이 맞을 수 있는 백신의 종류가 얼마나 많은지, 그로 인해 예방할 수 있는 병이 얼마나 많은지 확인할 수 있다. 기본적으로 어린이에게 16가지, 어른들에게 9가지 예방접종을 권하고 있다. 한 번 맞아서 끝나는 백신도 있지만 여러 차례 주기적으로 맞아야 하는 백신도 있다. 한 번의 접종으로 완벽한 면역이 생기지 않기 때문이다. 인플루엔자, 백일해, 파상풍, 간염, 수두, 홍역, 대상포진 등 과거 인간에게 수많은 고통과 죽음을 가져왔던 질병을 백신으로 예방할 수 있다. 백신은 인류가 질병을 완벽하게 통제할 수 있다는 가능성을 보여 준다.

그렇다면 정부에서는 왜 백신 접종을 권장할까? 개인이 병에 걸림으로써 생기는 개인적·사회적 손실을 막을 수 있다는 이유가 있다. 하지만 또 하나의 중요한 이유는 '면역 우산'이다. 면역 우산이란, 백신을 맞은 사람들이 각자의 우산을 펴면 아직 접종받지 못한 어린이나 학생, 임산부 등이 감염되는 것을 보호해 줄 수 있다는 개념이다. 즉, 많은 사람이 백신을 맞으면 사회 전체가 바이러스로부터 안전해진다.

바이러스는 생물과 무생물의 어중간한 경계에 있는 존재다. 모든 생물은 적절한 환경에 있으면 알아서 먹고 싸고 번식하지만

> **바이러스와 세균**
>
> 바이러스와 세균을 하나로 생각하는 사람이 많은데, 사실 둘은 엄연히 다르다. 세균은 1μm1/1,000mm의 작은 생물이지만 바이러스는 그보다 100배, 1,000배 이상 작다. 세균은 스스로 수를 늘릴 수 있지만, 바이러스는 그렇지 못하다. 다른 생물에 의지하지 않으면 살아남을 수도, 수를 늘릴 수도 없다는 뜻이다. 또한 세균은 세포와 세포소기관으로 구성되어 있지만, 바이러스는 유전물질과 단백질의 단순한 구조로 되어 있다.

바이러스는 숙주세포에 들어가지 않으면 생존할 수 없다. 그런데 만약 한 사회의 인간 대부분이 바이러스에 면역을 가지고 있다면 어떻게 될까? 밖으로 나온 바이러스는 몸속에 들어가려고 하겠지만 면역이 생긴 사람들의 몸은 바이러스를 매몰차게 내쫓는다. 그렇게 되면 바이러스는 정처 없이 헤매다가 죽어 없어진다. 이로 인해 백신을 접종하지 않은 다른 사람들도 바이러스로부터 안전해진다. 이를 다른 말로 '집단면역'이라고 부른다.

바이러스에 대한 집단면역을 가지기 위해서는 사회 구성원의 80퍼센트가 면역을 가지고 있어야 한다. 그래서 많은 국가에서는 최대한 많은 양의 백신을 확보하려고 하고, 또 국민에게 백신 접종을 권장하는 것이다.

백신만 있으면 다 해결된 걸까

독감 백신을 맞아 보았을 것이다. 독감 백신은 인플루엔자 바이러스에 대한 면역을 생기게 하는 백신이다. 하지만 안타깝게도 백신 한 종류가 모든 종류의 병을 막지는 못한다. 심지어 독감 백신을 맞아도 독감 바이러스의 종류에 따라서 막을 수 있는 병과 막지 못하는 병이 있다.

독감을 일으키는 인플루엔자 바이러스 종류는 A, B, C, D라고 알려져 있다. 우리가 흔히 말하는 독감의 범인은 A형바이러스다. 그러면 A형 백신만 맞으면 될까? 문제는 그게 아니다. A형독감은 매번 헤마글루티닌과 뉴라미니다아제라는 단백질을 변형시킨다. 쉽게 말해 윗옷H 18가지와 바지N 11가지를 매번 달리 입어서 총 198가지의 조합을 만든다.

따라서 매년 세계보건기구WHO에서는 질병 분야 전문가들이 그해에 유행할 인플루엔자 바이러스를 예상한다. 최근의 발병 추이와 전염력, 치명률 등의 의료 데이터를 분석해서 바이러스의 종류를 정하고 그에 대응하는 백신을 각 제약사와 함께 생산한다. 독감 백신은 3가 백신과 4가 백신이 있는데, 3가 백신은 A형 2종류와 B형 1종류, 4가 백신은 A, B형 각각 2종류씩을 막는다. 그렇지만 198가지나 되는 변종 중에서 '올해의 바이러스'를 족집게처럼 예상하기는 쉽지 않다.

예측이 틀리는 일는 없을까? 당연히 있다. 예측이 틀리는 해에는 백신 효과가 떨어지고 독감 환자 수가 많이 늘어난다. 안타깝게도 백신이 진화할수록 바이러스는 더욱 빠르게 진화한다. 바이러스는 매번 다른 위장복을 입고 우리 몸에 들어온다.

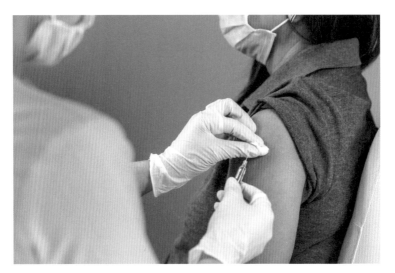

백신은 면역력을 키워 준다.

현재 전 세계를 위협하는 코로나바이러스는 과거에도 있던 바이러스가 7번째로 진화한 형태다. 최초의 코로나바이러스는 1967년에 발견되었는데 태양에서 코로나 현상이 일어나는 모습과 비슷하게 생겨서 코로나라는 이름이 붙었다. 사스는 3번째, 메르스는 6번째로 발견된 변종 코로나바이러스였다. 전파 속도가 빠르고 증세도 빨리 나타나 많은 환자를 발생시킨 무서운 병이었다. 그런데 7번째 변종인 코로나19는 더 빠르고 강해서 많은 사상자를 내고 있다.

2020년 12월, 영국에서는 기존의 코로나19의 바이러스와는 다른 또 다른 변종 코로나바이러스가 발견되었다고 발표했다. 코로나바이러스 확진자가 나타난 지 1년이 채 되지도 않았을 때였다. 이후 남아프리카, 브라질, 미국, 인도에서도 변종 바이러스가 추가로 발견되었다.

앞으로는 코로나19와 같은 바이러스들이 3~4년을 주기로 새롭게 나타난다고 하니 백신 기술의 발전이 더더욱 중요해진 상황이다. 인류의 기술 발전이 빠를까? 아니면 바이러스의 진화가 빠를까? 인류의 존망이 걸려 있다.

소독약, 감염병 시대의 필수품

혈기 왕성하고 호기심이 넘치는 어린 시절에는 으레 다치고 상처가 생기기 마련이다. 학교에서 친구랑 놀다가, 운동장에서 술래잡기 놀이를 하다가, 날카로운 물건을 만지다가 등 다양한 이유로 다쳐 본 적이 있을 것이다. 그때마다 보건실로 가면 선생님께서 상처 주변에 빨간약을 발라 주신다. 바르면 시원해지는 투명한 빛깔의 약이나, 거품이 부글부글 일어나는 약을 발라 주시기도 한다. 상처가 날 때 바르는 이 약들의 정체는 무엇일까?

'빨간약'의 정체

빨간약의 이름은 포비돈 아이오딘Povidone Iodine이다. 투명하면서 시원한 액체는 에탄올, 거품이 생기는 약은 과산화수소다. 각각

조금씩 다르지만 이 약들을 모두 '소독약'이라 부른다.

소독약은 상처 나고 피가 날 때만 바르는 약일까? 아니다. 학교나 식당같이 사람이 많은 공간 입구에 항상 비치되어 있는 손소독제 역시 소독약이다.참고로 손소독제의 주성분은 에탄올이다. 예전에는 의료기구를 소독할 때나 상처가 났을 때만 소독약을 사용했지만 코로나19가 유행하면서 소독약은 필수품이 되었다.

사람의 피부는 우리 몸을 외부의 해로운 세균이나 바이러스로부터 지켜 주는 성벽과 같다. 상처가 났다는 말은 성벽이 일부 무너졌다는 뜻이다. 무너진 성벽으로 각종 세균과 바이러스가 침투하면 어떻게 될까? 세균에 감염되고 각종 질병이 생기며 심한 경우 사망까지 이를 수 있다.

소독약이 없던 옛날에는 장미 가시에 찔린 작은 상처 때문에 사람이 죽기도 했다. 전쟁터에서는 철조망에 긁힌 상처가 세균 감염으로 이어져 팔다리가 썩는 병사들이 나왔다. 유일한 치료법은 썩어가는 팔다리를 자르는 것뿐이었다. 그러나 지금은 소독약이 있기 때문에 상처가 커지지 않을 수 있다.

소독이란 '세균 감염과 병의 전염을 막기 위해 병을 일으키는 미생물을 없애는 일'을 말한다. 소독약은 상처 주변이 세균에 감염되지 않도록 막기도 하고 세균과 바이러스가 활동하지 못하도록 막는다. 뉴스에서 하얀 방역복을 입은 사람들이 손에 연기가 나오는 기계를 들고 건물을 구석구석 소독하는 모습을 볼 수 있다. 이들이 뿌리는 약이 바로 소독약이다. 이때 뿌린 소독약은 공기나 침, 가래 안에 있는 세균과 바이러스들을 죽인다. 사실상 방역감염병의 유행을 막는 일의 핵심적인 역할을 한다고 볼 수 있다. 소독약은 감염병과 끊임없이 맞서 싸우는 약, 팬데믹 시대에 백신과 치료제만큼이나 중요한 약이다.

앤트맨이 보는 세상

<앤트맨Ant-Man>2015은 마블 영화 시리즈에 속하는 재미있는 작품이다. 주인공 앤트맨은 자신의 몸을 빌딩 크기만큼 키울 수도 있고 반대로 세포나 양자 수준까지 작게 만들 수도 있다. 영화에서 앤트맨이 양자 영역으로 여행 가는 장면이 나오는데, 눈에 보이지 않는 작은 세계의 모습은 거대한 우주만큼 신비하고 경이롭다.

작은 세계에서 살아가는 생물들은 과연 어떤 모습일까? 호기심이 생긴다. 그 일부를 관찰할 수 있는 방법은 학교 실험실에 가면 찾을 수 있다. 실험실에는 반드시 있는 기구인 현미경이다.

현미경은 꽤 오래전에 만들어졌다. 1590년 안경을 만들던 자카리아스 얀센이라는 사람이 발명했다. 그는 돋보기 렌즈를 만들었는데, '얼마나 작은 것까지 확대해서 볼 수 있을까?' 하는 호기심에 현미경을 만들었다고 한다. 하지만 당시에 현미경은 사람들에게 큰 흥미를 끌지 못했다.

그러다가 시간이 흘러 1683년, 네덜란드 출신의 안톤 판 레이

우엔훅이 놀라운 것을 발견한다. 그가 즐겼던 유일한 취미는 자기가 만든 현미경으로 주변의 물건과 생물들을 관찰하는 일이었다. 그런데 어느 날 지붕에 고인 빗물을 현미경으로 관찰하다 빗물 안에 이상한 것이 있음을 발견한다. 작은 벌레처럼 꿈틀거리는 그것은 분명 살아 있었다. 먹이를 찾아 먹었고 스스로 증식하고 성장했다. 그는 이 작은 존재의 모습과 생활사를 그림으로 그리고 남겼으며, 작은 생물이라는 의미로 미생물微生物이라는 이름을 붙였다.

세균 감염설을 처음 주장한 파스퇴르

음식물 쓰레기통이나 땀에 젖은 채 오랫동안 방치된 체육복, 더러운 운동화 냄새를 맡으면 자연스럽게 눈살이 찌푸려진다. 왜 그럴까? 우리가 본능적으로 미생물에 오염된 물건을 피하도록 진화했기 때문이다.

세균으로 오염된 옷이나 부패한 음식에서는 고약한 냄새가 나는 경우가 많다. 이때 우리는 무의식적으로 '내 몸에 병을 일으킬 수 있다'라고 생각하고 피하게 된다.

하지만 악취가 난다고 해서 무조건 병을 일으키는 것은 아니다. 냄새가 좋고 나쁘고는 주관적인 판단이며 냄새 자체가 병의 원인은 아니기 때문이다. 생선 비린내를 맡는다고 해서 식중독에 걸리지 않고, 메주 냄새를 맡는다고 감기에 걸리지 않는 것처럼 말이다.

하지만 옛날 사람들은 나쁜 냄새 때문에 병에 걸린다고 생각했다. 이를 미아즈마설이라고 한다. 이 이론은 19세기 초까지 질병을 설명하는 가장 보편적인 생각이었다. 그래서 사람들은 더러운 냄새를 지우기 위해 향이 강한 향수를 사용했다. 감염병을 치료하는 의사들의 경우 새 부리 모양의 마스크를 쓰고, 그 안을 향이 나는 꽃과 약초로 가득 채우기도 했다.

그러던 중 프랑스의 미생물학자 루이 파스퇴르가 새로운 이론을 들고나왔다. 세균에 감염되면 병이 생긴다는 주장이었다. 파스퇴르는 세균이 일으키는 발효와 부패를 연구했던 화학자였다. 저온살균법을 개발해 세균을 없애고 식중독 문제를 해결하는 공을 세우기도 했다. 오늘날 우유와 요구르트 상표에 이름이 붙을 정도로 많은 것을 알아낸 사람이다.

당시 사람들은 미생물이 하는 일은 기껏해야 우유를 썩히고 음식물을 냄새나게

부패와 발효의 차이점

탄소, 산소, 수소, 질소로 이루어진 물질로 생명체와 밀접하게 관계된 것을 유기물이라 한다. 유기물은 세균들의 먹이가 되는데 세균들이 유기물을 분해해 아민, 암모니아, 황하수소, 에탄올 등 여러 가지 물질을 만든다. 이 과정을 '발효'와 '부패'라고 한다.

부패와 발효는 둘 다 미생물이 증식해 일어나지만, 결과가 다르다. 결과물이 우리에게 유익하면 발효, 해로우면 부패라고 한다. 우유가 부패하면 썩은 우유가 되지만, 발효하면 맛있는 치즈와 요구르트가 된다. 김치, 된장, 간장, 치즈, 술은 모두 대표적인 발효 식품이다.

치즈는 대표적인 발효 식품이다.

만드는 정도라고 생각했다. 하지만 파스퇴르는 미생물이 많이 모이면 몸을 아프게 하고, 나아가서 사람들을 죽인다는 세균 감염설을 제시했다. 이 가설은 너무 충격적이어서 처음에는 사람들 사이에서 받아들여지지 않았다. 하지만 나중에 로베르트 코흐라는 미생물학자가 결핵을 일으키는 결핵균, 설사병을 일으키는 콜레라균을 차례로 발견했다. 질병을 일으키는 미생물이 실제로 존재함을 밝혀낸 것이다. 이후 사람들은 나쁜 냄새가 아니라 세균 감염이 질병의 주요 원인임을 깨닫게 되었다.

최초의 손소독제를 개발한 제멜바이스

어렸을 때 밖에 나갔다가 집에 돌아오면 부모님께서 귀가 따갑도록 손 씻으라고 말씀하셨다. 코로나19가 널리 퍼진 이후에는 더더욱 열심히 손을 씻게 되었다. 하지만 손 씻기가 사람들 사이에 자연스러운 일이 되기까지는 우여곡절이 많았다.

'손 씻기' 이야기를 하려면 1800년대 오스트리아의 수도 빈으로 가야 한다. 헝가리 출신의 이그나즈 제멜바이스라는 산부인과 의사가 있었다. 예나 지금이나 출산은 쉬운 일이 아니다. 더구나 과거에는 아이를 낳다가 죽는 사람이 많았다. 산욕열이라는 열병 때문이었는데, 출산한 산모의 온몸에서 고열이 나며 숨을 거두는 병이었다. 매년 3,000명의 산모 중 600명이 산욕열로 사망할 정도로 심각했다.

그런데 제멜바이스가 흥미로운 사실을 발견한다. 당시 그가 근무하던 병원은 2개의 병동으로 운영되고 있었는데, 두 병동의 산욕열 발생률에 차이가 있었다. 의대생들이 관리하는 제1병동에서는 10퍼센트에 가까운 산모들이 사망했지만, 조산사들이 관리하는 제2병동의 사망률은 3퍼센트밖에 되지 않았다. 어떤 차이가 있었을까? 원인을 고민하던 그의 눈에 띄었던 것은 손이었다. 의대생들은 시체를 만지고 해부하던 손 그대로 산모들의 수술실에 들어갔다.

'시체를 만지던 손에 묻은 무언가가 병을 일으킨 게 아닐까?'

이렇게 생각한 제멜바이스는 의대생들에게 수술 전 염화칼슘calcium chloride액에 손을 씻으라고 지시했다. 최초의 손소독제인 셈이다. 손소독제를 사용한 결과는 놀라웠다! 10퍼센트에 달했던 사망률이 몇 달 만에 1퍼센트로 줄어들었다. 당연히 산욕열의 발병률도 눈에 띄게 줄어들었다.

이에 제멜바이스는 전국의 의사들에게 '수술 전 손 씻기'의 중요성을 알렸다. 하지만 그의 주장은 의사들 사이에서 묵살되고 만다. 안타깝게도 아직 세균에 대한 인식이 부족한 시기였다.

손 씻기가 보편화된 것은 영국의 외과 의사 조지프 리스터 덕분이다. 그는 외과수술 과정에서 페놀phenol이라는 소독약으로 손을 소독하는 무균 수술법을 확립했다. 그전까지 외과수술을 하면 절반이 세균 감염으로 목숨을 잃었지만, 무균 수술 도입으로 많은 사람이 목숨을 구할 수 있었다. 먼 미래에 그의 이름을 기리며 만들어진 청결제가 생기기도 했다. 바로 가글할 때 쓰는 리스테린이다.

감염병이 유행할 때 항상 강조하는 것이 손을 잘 씻는 일이다. 손 씻기는 쉽고 간단하면서도 아주 효과적인 예방법이다. 손을 씻으면 독감이라 부르는 인플루엔자 바이러스를 최대 70퍼센트까지 예방할 수 있다. 다른 호흡기질환과 감염질환도 50~70퍼센트까지 막을 수 있다고 한다. 따라서 날마다 8번, 최소 30초 이상은 손을 씻으라고 권장한다.

- 의외로 잘 빼먹는 손 씻기 타이밍
  ① 음식물을 조리하거나 먹기 전
  ② 화장실을 다녀온 후
  ③ 기침하거나 코를 푼 후
  ④ 동물을 만지고 난 후
  ⑤ 아픈 환자를 간호한 후
  ⑥ 콘택트렌즈를 넣거나 빼기 전

보이지 않는 것이 무섭다

눈에 보이지 않는 미생물이 병을 일으킨다는 사실이 밝혀지고 나서, 소독약의 종류와 사용처가 다양해졌다. 병원에서 나는 특유의 싸한 냄새는 크레졸이라는 소독약 때문에 나는 냄새다. 우리가 매일 사용하는 수돗물도 염소라는 물질로 소독해서 내보낸다. 식당에서 물컵을 소독하는 자외선 살균기는 빛으로 세균을 죽인다. 병원에서는 강력한 감마선으로 의료 기구를 소독하기도 한다.

이렇게 다양한 소독약과 멸균법 덕분에 우리는 각종 유해 세균으로부터 안전해졌다. 그래서 유해 세균에 노출되거나 수술 후 세균 감염 합병증이 생길 확률이 엄청나게 줄었다. 아울러 감염병 전파도 효과적으로 막을 수 있게 되었다.

그런데 소독약을 지나치게 사용하면 오히려 문제가 된다. 실제로 코로나바이러스를 막기 위해 손소독제가 널리 보급된 이후 손소독제로 인한 사고가 늘었다. 공공장소에 비치된 손소독제의 위치가 어린아이들의 얼굴 높이인 경우가 많아서 잘못하면 눈에 들어갈 수 있다. 과일이나 꽃냄새가 나는 몇몇 소독제를 아이들이 호기심으로 마시는 일도 있었다. 손소독제에는 에탄올이 높은 농도로 들어가 있고, 이는 어린아이가 도수 높은 술을 한꺼번에 마시는 것과 같아 위험하다.

손소독제가 피부 자체에 문제를 일으키는 일도 많다. 소독제의 주성분인 에탄올은 쉽게 증발되는 성질을 가지고 있다. 그런데 증발 과정에서 피부의 수분도 함께 가져간다. 즉, 지나친 소독제 사용은 손을 건조하게 만든다.

또한 소독약이 유해균뿐만 아니라 유익균도 가리지 않고 죽이기 때문에 장기적으로 사용하면 면역에 좋지 않다는 의견도 있다. 알레르기, 비염, 아토피 같은 자가면역질환면역 시스템이 자기 자신을 공격함으로써 나타나는 질병이 증가한 원인으로 학자들이 주장하는 가설 중 하나가 위생가설이다. 쉽게 말해 '너무 깨끗한 환경에서 자라 면역계가 제대로 발달하지 못해서 쉽게 병에 걸린다'라는 가설이다. 실제로 자가면역질환은 위생 상태가 너무 좋은 선진국에서 많이 발생하고 있다.

1683년 레이우엔훅이 처음으로 미생물을 발견했을 때 사람들은 이 작은 생물체가 무슨 대단한 일을 하겠냐고 무시했다. 미생물이 병을 일으킬 뿐만 아니라 우리의 생각 이상으로 많은 일을 한다는 사실이 밝혀진 지 200년도 채 되지 않았다. 어떤 미생물은 무서운 병을 가져오고 다른 미생물은 인류에게 유익한 결과를 가져온다. 너무나 많은 종류의 미생물이 각자 다양한 역할을 하고 있다. 현재 인류가 마주하고 있는 미생물의 세계는 영화 <앤트맨>에 나오던 미세한 세계 이상으로 신비하다. 앞으로 밝혀낼 영역이 많이 남아 있다.

말라리아약, 대항해시대를 열다

인간을 가장 많이 죽인 동물은 무엇일까? 바닷속에서 사람을 잡아먹는 상어일까? 타란툴라 같은 독거미나 아나콘다 같은 거대한 뱀은 아닐까? 어쩌면 밀림의 제왕 사자일지도 모르겠다. 지금부터 하나씩 살펴보자.

상어가 사람을 해치는 경우는 생각보다 많지 않았다. 1년에 10명 정도가 상어 때문에 목숨을 잃는다. 이는 사자100명와 하마500명보다도 적은 수다. 악어는 해마다 1,000명을 죽인다. 뱀을 꼽았다면 답에 근접했다. 뱀은 세 번째로 사람을 많이 죽이는데 해마다 5만 명 정도가 뱀 때문에 사망한다. 씁쓸한 현실이지만 사람을 두 번째로 많이 죽이는 동물은 바로 사람이다. 같은 종을 47만 5,000명이나 죽이는 개체는 인간밖에 없지 않을까.

그렇다면 인간을 많이 죽이는 동물 1위는 누구일까? 바로 모기다. 사실 모기가 직접 사람을 죽이지는 않는다. 하지만 모기는 수많은 질병을 옮기는 전파자로서 많은 사람을 죽음으로 이끈다. 지카바이러스, 웨스트나일바이러스, 뎅기열, 일본뇌염, 황열 등 온갖 바이러스를 옮긴다. 게다가 모기의 번식력은 무시무시하다. 수명은 1개월 정도밖에 안 되지만 알을 한 번에 수백 개씩 여러 번 낳는다.

'학을 떼다'라는 말의 기원

모기가 옮기는 치명적인 질병의 대표는 말라리아다. 헌혈을 해봤다면 말라리아에 대해 들어 봤을 것이다. 헌혈하기 전 여러 가지 설문조사를 하는데 그중 '혹시 최근 해외여행을 다녀온 적 있는가?'라는 질문이 있다. 여행지 중에서도 가나, 르완다, 짐바브웨 같은 아프리카 지역이나 멕시코, 아이티, 브라질 같은 남미 지역, 미얀마나 중국 등 일부 아시아 지역을 다녀왔는지 물어본다. 말라리아가 많은 지역이기 때문이다.

말라리아는 열대와 아열대 기후에서 잘 생기는 반면 해양성 기후나 냉대 기후에서는 거의 나타나지 않는다. 따라서 해당 지역을 여행하는 경우에는 말라리아를 특히 조심해야 한다. 열대 지역을 여행하다 말라리아에 걸려서 사망한 사건이 뉴스에 나온 적도 있다. 꼭 예방약을 먹고 가야 한다.

그렇다면 우리나라는 어떨까? 우리나라에도 말라리아가 있다. 특히 경기도의 파주시와 연천군, 인천의 강화군 등 위쪽 지역이 말라리아 위험지역으로 지정되어 있다. 의외로 한국은 OECD 국가 중에서 말라리아 발생률 1위다. 인구 10만 명당 1명이 말라리아에 걸리는데, 이는 0.6명인 멕시코보다 높은 수치다. 1979년에 말라리아가 퇴치되었다고 선언했지만 1993년에 다시 발생하고 말았다. 그리고 그 수가 오늘날까지 조금씩 늘고 있다.

과거에는 말라리아를 학질이라 불렀다. 가혹한 질병이라는 뜻이다. 1152년 고려 의종 때 처음 등장한 뒤 수시로 유행했다는 기록이 남아 있다. 조선 인조의 맏아들인 소현세자가 말라리아 때문에 세상을 떠났고 세종대왕의 어머니 원경왕후도 학질로 사망했다고 한다. 우리나라에 '학을 떼다'라는 말이 있다. 아주 힘들고 고통스러운 일을 벗어났다는 의미인데, 여기서 '학'이 학질이다. 학질이 오래전부터 힘들고 괴로운 병이었음을 알 수 있다.

지금도 전 세계에 2억 명의 말라리아 감염자가 있고, 매년 40만 명의 사망자가 나온다. 안타까운 사실은 말라리아로 희생되는 이들의 90퍼센트가 아프리카 사하라 사막 남쪽에 사는 5세 이하의 어린이들이란 점이다.

말라리아는 고속도로를 타고

그렇다면 이 끔찍한 말라리아의 원인은 바이러스일까? 아니면 세균일까? 둘 다 아니다. 말라리아를 일으키는 원인은 말라리아 원충이라는 기생충이다. 이 기생충은 매우 작아서 우리 몸의 혈액 속 적혈구에 기생한다. 적혈구는 혈액 속에서 몸 곳곳에 산소를 운반하는 중요한 세포다.

말라리아원충이 이동하는 모습은 비행기와 차를 타고 다니는 우리의 모습과 비슷하다. 이들은 모기의 뾰족한 침을 통해서 사람 몸에 손쉽게 입장한다. 그렇게 몸으로 들어온 말라리아원충은 몸 전체에 도로처럼 퍼져 있는 혈관을 타고 온몸을 순환한다.

첫 번째 목적지는 해독을 담당하는 중요한 장기인 간이다. 말라리아원충은 간세포 안에서 놀고먹으며 성숙한 개체로 자란다. 성숙한 말라리아원충은 간세포를 찢어 버리고 밖으로 나온다.

그다음 목적지는 어디일까? 바로 혈액 속의 적혈구다. 원충은 이번에는 적혈구 안으로 들어가 지내며 수를 늘려간다. 그런데 적혈구는 하나하나가 매우 작은 개체다. 수가 늘어난 말라리아원충은 좁아서 도저히 살 수가 없다. 결국 그 적혈구를 파괴하고 나온다. 그다음 다른 적혈구에 들어가서 늘어나고 파괴하고, 다른 적혈구를 감염시키는 과정을 반복한다. 적혈구가 점점 파괴되는 동안 우리 몸에서는 염증이 생기면서 열이 나고 구토와 설사를 한다. 그 과정에서 몸이 점차 망가진다.

말라리아에 감염된 사람이 모기에 물리면 어떻게 될까? 혈액 속에 있던 말라리아 원충은 모기라는 비행기를 타고 새로운 사람의 몸으로 간다. 보통 세균이나 바이러스 같이 작은 존재는 더

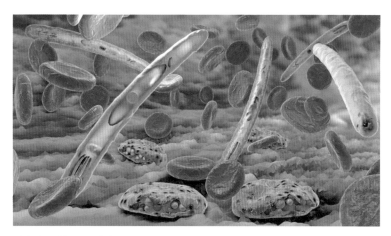

말라리아원충은 모기의 뾰족한 침을 통해 몸 안에 들어와 혈구 속에 기생한다.

러운 물, 침과 콧물 같은 분비물, 심지어 공기를 타고 이동하는 경우가 대부분이기에 전파력이 높다. 하지만 그보다 큰 기생충이 그만큼 잘 전파되어 많은 사람을 죽일 수 있었던 것은 모기라는 전파자가 있었기 때문이다.

원주민이 건넨 기적의 성분

15세기에서 16세기 유럽인들은 새로운 무역로를 개척하기 위해 드넓은 바다로 나갔다. 이 시기를 대항해시대라 부른다. 이 기간에 수많은 여행자, 선원, 선교사, 상인이 새로운 대륙으로 모험을 떠났다. 크리스토퍼 콜럼버스가 유럽-아메리카 항로를 개척하고, 바스쿠 다가마가 아프리카 남단을 지나서 인도에 도착하고, 페르디난드 마젤란이 최초로 세계 일주를 한 것도 이때다.

하지만 이들은 새로운 세계에서 거대한 장애물을 만난다. 말라리아였다. 덥고 습한 열대 지역에 간 여행자들은 온몸에 열이 나고 죽기 시작했다. 말라리아는 너무나도 큰 공포였다. 그때 페루에 머무르던 스페인 총독 부인도 말라리아에 걸린다. 그녀는 죽을 날만을 기다리고 있었다. 그러던 어느 날 페루 케추아족 사람이 차를 하나 달여 온다.

"저희 부족 사람들은 열병에 걸렸을 때 이 나무로 우린 차를 마십니다."

낯선 원주민이 건네준 차는 너무나 썼다. 하지만 부인은 속는 셈치고 차를 꾸준히 마셨고 놀랍게도 말라리아에서 회복되었다. 나무는 '키나'라고 불렸다. 이에 스페인 선교사들은 키나 가루를 유럽으로 가져왔다. 그러나 사람들은 유럽인도 정복하지 못한 말라리아를 미개한 원주민이 어떻게 알겠느냐며 믿지 않았다. 하지만 점차 키나 가루의 효능이 증명되었고 스페인에서는 1639년 키나를 말라리아 치료제로 도입한다. 키나 안에 들어 있는 말라리아를 치료하는 성분은 퀴닌quinine이었다.

이후 열대지방으로 여행을 떠나는 여행자들은 습관적으로 키나를 달인 차를 마셨다. 그런데 퀴닌은 물에 잘 녹지 않았다. 알코올에서는 퀴닌 성분이 잘 녹아서 사람들은 이 껍질을 술에 섞어 마시기 시작했다. 퀴닌을 오렌지, 라임 같은 과일과 섞어서 만든 음료가 오늘날의 토닉워터다. 또한 토닉워터를 주로 진이라는 술에 섞어서 마셨는데 이것이 진토닉의 원조가 된다.

더 많은 이를 치료한 클로로퀸

말라리아 치료제인 퀴닌을 찾았지만 문제가 있었다. 나무의 껍질을 얻으려면 심고 10년은 기다려야 했던 것이다. 이 나무는 유럽에서 자라지 않았기 때문에 키우기도 어려웠다. 게다가 나중에는 남미 국가들이 무역을 독점하는 상황에 이른다.

키나 가격이 너무 비싸지자 네덜란드에서는 식민지였던 인도

Cinchona Calisaya Wecf

키나를 우린 차는 말라리아를 치료하는 데 탁
월했다.

네시아에 나무를 심고 키우기 시작한다. 수많은 노력 끝에 재배에 성공했고, 나중에는 전 세계 키나 생산의 97퍼센트를 점유할 정도가 되었다. 하지만 네덜란드의 키나 사업에 위기가 찾아온다. 2차 세계대전 때 반대편이던 일본군이 인도네시아를 점령하면서 키나 수출을 막았기 때문이다. 열대지방에 파견된 연합국 병사들은 말라리아에 걸려 쓰러지기 시작했다. 미군만 6만 명이 말라리아로 사망했을 정도다. 그러나 말라리아 약의 재료가 되는 키나를 구할 수 없었다. 키나를 구하지 못한 연합군은 곤란한 처지에 빠졌다.

그래서 미국은 키나의 성분을 직접 합성해 말라리아 약을 만들고자 했다. 그들은 모든 자원과 인력을 총동원해 수많은 약을 만들어 냈다. 그리고 무려 1만 4,000개에 달하는 약 중에서 퀴닌을 대신할 약인 클로로퀸chloroquine과 하이드록시클로로퀸hydroxychloroquine을 개발했다. 클로로퀸과 하이드록시클로로퀸은 퀴닌보다 효과가 뛰어나면서 두통과 구토 같은 부작용도 적었다. 게다가 임산부도 복용할 수 있을 정도로 안전했다. 지금도 아프리카나 열대지방을 여행하기 전에 말라리아 예방약을 먹는데, 가장 많이 먹는 약이 클로로퀸이다.

말라리아라는 질병이 거의 사라진 요즘, 클로로퀸과 하이드로클로로퀸은 다른 분야에서 쓰이고 있다. 바로 류머티즘성 관절염과 전신성 홍반성 루푸스 치료다. 클로로퀸이 병의 진행을 억제해 준다고 알려졌다.

최근에는 하이드록시클로로퀸이 코로나19를 치료할 수 있다는 주장도 있었다. 하지만 80년 이상 지난 이 말라리아 치료제가 정말 효과가 있는지는 아직 모른다. 말라리아 치료제로 개발된 약이 지금은 관절염약으로 쓰이고, 코로나19 치료 효과가 있다는 말도 나오는 걸 보면 약의 신비는 무궁무진하다.

진로 찾기 **근무 약사**

근무 약사는 약국에서 급여를 받고 일하는 약사다. 월급을 받고 일하는 회사원과 비슷하다고 하겠다. 나중에 자신의 약국을 경영하고 싶은 초임 약사라면 근무 약사로 일을 시작할 확률이 높다.

근무 약사는 약국에서 일하는 동안 학교에서 배웠던 지식을 응용하고 활용하며 약사로서의 경험을 쌓는다. 하지만 약품을 구매해서 재고를 관리하거나 세금을 계산하는 등의 경영 업무는 개국 약사만큼 많이 하지 않아도 된다. 그래서 경영이 부담스러운 약사들은 오랫동안 근무 약사로 일하기도 한다.

근무 약사로 일하는 기간은 약사로 일하는 시간 중 가장 중요하다. 업무 이론과 실전 경험을 쌓을 수 있는 시간이기 때문이다. 그래서 많은 약사들은 이 시기에 열심히 공부한다. 요즘은 약사

대상의 학회나 강연, 스터디가 활성화되어 있다. 이를 통해 더 깊게 공부하고 업무 경험과 노하우를 공유하기도 한다.

근무 약사로 일하면 가장 가까운 거리에서 환자들을 볼 수 있다. 환자들을 마주하고 직접 복약지도를 하게 된다. 건강 상담을 하러 온 환자들에게 정확한 의학 정보를 알려 줄 수도 있다. 나아가서 환자들의 건강에 도움이 될 수 있는 영양제나 건강기능식품을 권할 수도 있다.

또 다른 특징은 출퇴근 시간이 명확하다는 점이다. 보통 9시부터 저녁 6시나 7시까지 일한다. 원한다면 특정 요일 특정 시간대의 일자리를 구할 수도 있으며, 남는 시간에는 자유롭게 보낼 수 있다.

대부분의 근무 약사들은 업무 시간 이외에는 운동을 하거나 취미 생활을 한다. 또는 학회에 참석하거나 인터넷 강의를 들으며 직무 수행 능력을 늘리는 활동을 한다. 약국을 여러 군데 다니면서 다양한 경험을 쌓는 이들도 있다. 근무 약사가 될 생각이 있다면 여러 약국에서 일하면서 약국마다의 특징이나 장점, 업무 노하우 등을 배우면 좋다.

근무 약사는 생각보다 노동강도가 센 편이다. 많은 사람이 약사의 업무가 편하다고 생각하는데 그렇지 않다. 특히 환자가 많은 대형 약국에서 일한다면 약사 1명당 100~200명, 혹은 그 이상을 대해야 한다. 약을 짓고, 옮기고, 복약지도를 할 뿐만 아니라 일반의약품, 건강기능식품, 영양제 상담도 해야 한다. 몸과 머리를 모두 써야 하니 생각보다 힘든 직업이다. 무엇보다 체력이 중요하다.

스트레스도 큰 편이다. 약국은 기본적으로 아픈 사람이 오는 곳이다. 몸이 아프다 보니 약이 늦게 나온다고 짜증을 내는 손님도 있고, 다짜고짜 언성을 높이는 손님도 만날 수 있다. 이런 환자들을 상대하면 피로해지지만, 또 반대로 정신력이 강하게 단련되기도 한다.

모든 약사가 그렇겠지만 근무 약사에게 가장 필요한 자질은 약에 대한 정확한 지식과 전문성이다. 이는 무엇보다 중요하다. 업무를 바쁘게 처리하다 보면 사고가 발생할 수 있기 때문이다.

환자들이 약에 대해 여러 가지 질문을 하기도 한다. '이 약의 효과는 무엇인가요?', '저 약이랑 같이 먹어도 되나요?', '임산부도 먹어도 되나요?' 따라서 약사는 약에 대한 정보를 자세히 숙지하고 있어야 한다.

또한 근무 약사는 환자에 대해 이해하고 있어야 한다. 왜 그런 약을 먹는지, 무엇을 원하고 어떤 마음인지를 이해하려는 자세는 매우 중요하다. 약사가 컴퓨터와 다른 점은 환자를 진심으로 이해하고 공감하며 따뜻한 말을 할 수 있다는 것 아닐까.

진로 찾기 **식품의약품안전처 약무직**

SNS나 유튜브에는 '한 달 안에 키를 10센티미터 키워 주는 약', '바르면 무슨 병이든 치료하는 로션' 등 말도 안 되는 광고가 가득하다. 이 중 실제로 효과가 있는 약이 얼마나 될까? 약을 먹고 배탈이나 안 나면 다행이겠다. 약과 영양제에 관한 관심이 늘고 인터넷을 통해 거래하는 일이 많아지면서 불량제품이 쏟아져 나오고 있는 상황이다.

문제는 그뿐만이 아니다. 이미 시중에 유통되던 약에서 뒤늦게 잘못이 발견되기도 한다. 유명한 혈압약에서 발암물질이 나오고, 약에 들어 있어야 하는 성분이 터무니없이 적거나 약재에 색을 칠해서 다른 제품으로 둔갑시키는 일도 벌어지고 있다. 약은 인체의 생명 활동에 큰 영향을 주기 때문에 심각한 문제다. 따라서 이런 의약품을 관리하는 일은 더더욱 중요할 수밖에 없다.

식품의약품안전처^{이하 식약처}는 국민이 먹는 식품과 의약품을 통제·관리해 국민 건강을 지키는 기관이다. 식약처에 소속된 약사가 어떤 업무를 하는지 살펴보자.

한 제약사가 어떤 병을 치료하는 A라는 약을 만들었고 판매하고 싶어 한다. 그러면 제약사는 A라는 약의 효과를 실험하고 그 결과를 식약처에 제출해야 한다. 그러면 식약처 약사는 이 자료를 보면서 실험이 제대로 실행된 것인지, 정말로 효과가 있는지, 부작용은 없는지 등을 판단한다. 그리고 A가 실제로 효과가 있다고 판단했다면 우리나라에서 팔아도 된다고 승인한다.

승인한 뒤에도 해야 할 일이 있다. 이번에는 약이 제대로 생산되는지 감시해야 한다. 약을 만드는 공장의 위생 상태가 청결한지, 약을 만드는 과정에서 불순물이 생기지는 않는지, 운반 과정에서 변질되지는 않는지 등 생산·유통 과정을 감시하는 일 역시 식약처 약사의 일이다.

A라는 약이 판매된 지 1년이 지났다. 그런데 A를 사용한 뒤 배탈이 났다고 말하는 환자가 많아졌다. 그러면 식약처 약사는 배가 아픈 원인이 A 때문인지, A의 판매를 중지해야 하는지 등을 조사하고 사후관리도 책임지게 된다.

즉, 식약처 약사는 약품의 허가, 생산, 유통, 사후관리까지 모든 과정을 책임지는 사람이다. 식약처 약사가 되려면 의약품에 대한 전문 지식뿐만 아니라 생산과 유통 과정을 관리하고 감독할 수 있는 꼼꼼함이 있어야 한다. 또한 식약처는 정부 기관이기 때문에 일을 할 때 공정함을 잃지 말아야 한다.

3장

약으로
마음을 다스리다

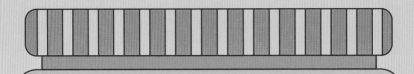

사람의 몸이 거대한 집이라면
수면제는 그 집의 전기를 강제로 꺼뜨리는 일을 한다.

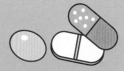 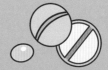

수면제, 양날의 칼을 지닌 약

지금 자면 꿈을 꾸지만, 지금 공부하면 꿈을 이룬다.

고등학교 3학년 교실 급훈으로 많이 쓰이는 말이다. 하지만 공부할 내용이 많을수록 잠이 쏟아진다. 꼭 고3이 아니더라도 공부를 해본 사람이라면 모두 공감할 것이다.

아침에 일어나면 몸은 천근만근이다. 커피라도 마시면서 잠을 깨워 보지만 저녁이 되어서야 정신을 차린다. 막상 자야 할 새벽에는 잠이 오지 않는다. 그럴수록 점점 피곤해지고 공부가 잘 안되지만 어떻게든 잠을 줄여서 공부하는 것이 당연하다고 생각하는 사람이 많다.

한때 '4시간 수면법'이 유행했다. 잠을 잘 자면, 4시간만 자도 충분하다는 내용이다. 이 말을 듣고 귀가 솔깃해진 사람이 필자 말고도 많았을 것이다. '잠 줄이고 일하기'는 다양한 성공담에서 항상 등장하는 클리셰cliche, 진부하고 전형적인 생각이나 표현을 이르는 말다. 그만큼 우리는 잠을 안 자려고 안달을 낸다. 하지만 다른 한쪽에서는 잠을 자고 싶어도 못 자는 사람들이 있다. 바로 불면증 환자다.

사람은 왜 자야 할까

우리는 인생의 3분의 1은 일하고, 3분의 1은 쉬고, 나머지 3분의 1은 잠을 자면서 보낸다. 그러나 인생의 3분의 1이나 차지하는 이 잠을 도대체 왜 자는지 정확히 알지 못한다. 그래서 잠을 얕잡아 보았는지도 모른다. 어차피 별 필요가 없다면 덜 자고 그 시간에 다른 일을 하는 게 이득 아닐까? 하지만 뇌과학이 발전하면서 그렇지 않다는 사실이 밝혀졌다. 잠은 생각보다 매우 중요한 역할을 하고 있다.

잠은 뇌에 쌓인 노폐물을 없애 준다. 뇌를 사용하는 동안 단백질 찌꺼기가 쌓이는데, 잠을 자야 찌꺼기를 뇌에서 씻어 낼 수 있다. 뇌를 제때 청소하지 않으면 기능이 떨어지고, 치매나 뇌혈관 질환이 생길 위험이 크다. 실제로 잠을 거의 안 잤다는 영국 총리 마거릿 대처와 미국 대통령 로널드 레이건은 말년에 치매와 뇌졸중으로 생을 마감했다.

잠은 면역기능과 신진대사에도 관여한다. 잠을 못 자면 우리

잘 자는 일은 매우 중요하다.

몸의 면역기능이 떨어져서 바이러스와 세균에 감염되기 쉽다. 또한 체내 호르몬 농도가 달라져 신진대사에 문제가 생긴다. 포만감을 느끼게 하는 호르몬은 줄어들고 식욕을 좋아지게 하는 호르몬이 늘어나기도 한다. 그래서 잠이 부족하면 비만이 되기 쉽다. 혈당을 조절하는 호르몬에도 영향을 주어서 잠을 못 자면 당뇨병 직전까지 혈당이 올라간다고 알려져 있다.

기억력에도 영향을 미친다. 잠을 줄여서 더 많이 공부하고 성적을 올리려는 사람들이 있지만, 좋은 방법이 아니다. 컴퓨터에는 장기기억과 단기기억이 있다. 컴퓨터를 끄면 장기기억은 하드디스크에 저장되지만, 단기기억은 전원이 나갈 때마다 지워지고 다시 사용할 용량을 만든다. 수면 역시 비슷한 과정을 거친다. 깨어 있을 때는 정보를 끊임없이 받아들이다가 잠에 들 때 비로소 정보를 차곡차곡 저장할 수 있다. 이런 과정이 공부에 중요한 것은 말할 것도 없다. 기억하자. 공부를 잘하고 싶다면 잠을 충분히 자야 한다. 똑똑한 학생은 벼락치기를 하지 않는다.

무서운 의약품

정신과에서 가장 많이 처방하는 약이 무엇일까? 조현병 약? 불안증 치료제? ADHD 치료제? 모두 아니다. 바로 수면제다.

그런데 수면제 처방이 나오면 약사는 유난히 신경이 날카로워진다. 다른 약도 마찬가지지만 수면제를 조제할 때는 더욱더 조심해야 한다. 실수가 생기면 치명적이다. 우리 몸의 중추신경계에 직접 작용하는 약이기 때문이다.

중추신경계는 뇌와 척수를 말한다. 이들은 자극을 분석하고 판단해 명령을 내리는 기관이다. 컴퓨터로 치면 CPU와 같다. 혼수 상태에 빠져 식물인간 상태로 여생을 보내는 사람의 이야기나 의식이 2살 아이 수준으로 퇴행한 이야기, 척추를 다쳐 평생 휠체어를 타고 다니는 이야기를 들으면 뇌와 척추가 우리 인체에서 얼마나 중요한 장기인지 알 수 있다. 따라서 중추신경계에 직접 작용하는 약물은 정말 위험하다.

그래서 우리나라에서는 수면제를 '향정신성의약품'으로 지정했다. 잘못 사용하면 심각하게 위험한 약이기에 다른 약들보다 더 조심하고 철저히 관리한다는 뜻이다. 향정신성의약품으로 지정된 약들은 약국에서 환자들에게 약을 팔 때도 몇 알이 나갔는지 일일이 기록하고 보고해야 한다. 또한 조제실 안에 이중 장치가 된 금고에 보관해야 한다.

수면제는 용량 확인도 필수다. 다른 성분의 수면제나 잘못된 용량을 복용하면, 심각하게 졸음이 몰려오거나 정신이 혼미해지는 등의 부작용이 생겨서 큰 사고가 생길 수 있다. 아찔한 일이다.

조심, 또 조심해야 하는 3가지 성분

수면제는 성분에 따라 3가지 종류로 나눌 수 있다. 바르비튜레이트barbiturate 성분, 벤조디아제핀benzodiazepine 성분, 졸피뎀zolpidem 성분이다. 이 중 원조는 1903년 독일 화학자 아돌프 폰 베이어가 발명한 바르비튜레이트다. 이 이름은 위험한 사고에서 지켜 준다는 성인의 이름성 바바라에서 따왔다. 하지만 의미와 반대로 이 약물은 많은 사람의 목숨을 잃게 만들었다.

사람의 몸을 거대한 집이라고 해보자. 수면제는 그 집의 전기를 강제로 꺼뜨리는 역할을 한다. 일정량 이상의 전기가 흐를 때 자동으로 전기 회로를 차단해 사고를 막는 두꺼비집과 비슷하다. 뇌를 강제로 진정시키고 억제해서 잠들게 하는 원리다. 그런데 전기가 너무 오랫동안 나가면 어떻게 될까? 냉장고 안에 있던 냉동식품이 다 녹고 말 것이다. 그 외에 전기를 꼭 써야 하는 물건이 있다면 고장 날 것이다.

마찬가지로 수면제가 꺼지면 안 되는 몸속 기관을 꺼뜨리기도 한다. 잠을 잘 때면 몸이 축 처지듯 수면제는 몸의 근육을 이완해 준다. 그런데 우리는 숨을 쉴 때도 근육을 사용한다. 이 근육마저 꺼져 버린다면? 숨 쉬지 못해 죽게 된다.

이런 부작용은 '수면제와 술을 같이 먹었을 때' 특히 많이 나타났다. 술을 먹으면 졸리고 몸이 늘어진다. 그런데 수면제도 같은 기능을 하니 아예 전기가 다 나가 버리는 것이다. 예전에는 이 사실을 모른 채 수면제와 술을 같이 먹어 사고로 죽는 사람도 많았고 이를 자살에 이용하는 사람들도 있었다. 이 때문에 부작용 정도가 가장 심한 바르비튜레이트는 지금은 거의 사용하지 않는다.

그 외에도 수면제의 부작용은 정말 많다. 혼수상태, 저체온증, 의식 저하, 신경 노화, 약물 의존, 현기증, 단기기억상실, 몽유병 등 셀 수 없을 정도다. 그래서 화학자들은 부작용을 줄인 새로운 약물을 찾기 위해 노력하고 있다.

현재 약국에서 가장 많이 쓰이는 수면제는 벤조디아제핀 성분과 졸피뎀 성분이다. 벤조디아제핀계 약물은 바르비튜레이트 다음으로 등장했다. 공황장애나 불안증에도 많이 쓰인다. 몸의 긴장을 완화하고 안정시키는 효능이 있어 당연히 불면증에도 처방된다. 그러나 이 약에도 부작용이 많다. 졸음과 두통, 어지러움, 기억상실 등을 일으키며 무엇보다 의존성이 커서 한번 약을 먹으면 나중에도 약을 먹어야 한다는 점이 문제다. 쉽게 말하면 중독되기 쉽다.

그다음 개발된 성분이 바로 졸피뎀이다. 처음 나왔을 때는 효과도 좋고 부작용도 해결되었다고 생각했다. 하지만 최근 무시무시한 부작용이 발견되었다. '밤중에 나도 모르게 냉장고 문을 열어 음식을 먹고 있었다', '기억나지 않는 핸드폰 소액결제 내역이 있었다' 같은 증상을 호소하는 사람들이 나타났다. 잠결에 돌아다니거나 자신이 한 행동이 기억나지 않는 증상을 보인다고 한다. 게다가 '침대에 누웠는데 눈을 떠보니 도로 앞이었다', '나도 모르게 계단에서 굴러서 크게 다쳤다' 같은 심각한 사례도 있었

어떤 종류의 수면제든 부작용이 있으므로 조심해서 먹어야 한다.

다. 결국 어떤 수면제든 조심해서 먹어야 한다는 점을 명심하자.

범죄에 이용되는 것을 막으려면

수면제는 범죄에 악용되기도 한다. 약물을 술이나 음료에 몰래 탄 후 피해자에게 먹인 사건이 실제로 많이 벌어졌다. 수면제의 부작용 때문에 피해자는 무슨 일이 일어났는지 기억하지 못하고 술 때문에 필름이 끊겼다고 생각한다.

문제는 이런 약물을 너무나 쉽게 구할 수 있다는 점이다. 유흥업소에서 몰래 판매하는 경우도 있고 인터넷을 통해 비대면으로 약을 구하기도 한다.

처방받기 쉽다는 점도 문제다. 병원에 가서 잠이 안 오니 수면제를 달라고 하면 손쉽게 처방받을 수 있다. 중고 거래 사이트에 본인이 먹던 수면제를 판다고 올려 놓은 사람들도 있다. 워낙 쉽게 처방받아 사용하니 벌어지는 일이다. 보건당국은 병원과 약국에서 나가는 수면제를 관리하는 만큼 약물이 범죄에 악용되지 않도록 더 신경 써야 할 것이다.

치매약, 미지의 영역을 탐구하다

남자는 경찰서에서 온 전화를 받고 달려갔다. 경찰서 안 의자에
한 노인이 앉아 있었다. 노인은 어린 아들을 잃어버려서 찾아다
니고 있었다 했다. 신발은 너덜너덜했고 어디서 넘어지기라도 한
듯 무릎은 멍투성이에 옷은 군데군데 찢어져 있었다. 남자는 간
단한 서류를 작성한 뒤 노인의 손을 잡고 경찰서를 나섰다. 집으
로 돌아가는 차 안에서 노인이 그에게 말했다.

"기사님, 저희 아들 좀 찾아 주시오."

"네, 어머님. 조금만 앉아서 기다리세요. 금방 찾아드릴게."

중년의 남자는 말 없이 눈물을 흘렸다. 그는 바로 노인의 아들이
었다.

치매 환자의 사례는 늘 가슴 아프다. 어느 날 갑자기 가족들과 친구들을 기억하지 못한다. 자녀와 배우자를 낯선 사람으로 여긴다. 온화하던 사람의 성격이 변해서 갑자기 소리치고 화내기도 한다. 어린아이처럼 떼쓰고 울기도 한다. 내가 알던 모습이 점차 사라지는 것을 보며 환자뿐만 아니라 가족과 지인들도 함께 고통받는다. 다른 질병은 주변 사람들을 슬프게 하지만 치매는 주변 사람들을 지치게 만든다. 긴 시간 동안 치매 환자를 보살피다 보면 '이 모든 것이 어서 끝났으면…' 하는 생각도 든다. 치매는 환자 본인뿐만 아니라 주변 사람들의 영혼까지도 갉아먹는 무서운 질병이다.

전 세계에서 매년 460만 명의 치매 환자가 생기고 있다. 그중 우리나라에서만 75만 명이 치매에 걸린다고 한다. 65세 이상의 노인 10명 중 1명은 치매를 앓고 있는데, 노인 인구 비율이 늘면서 치매 환자 수는 더욱 빠르게 늘고 있다. 2050년쯤에는 지금보다 3배 정도 더 많아질 것이라고 한다.

알츠하이머치매의 원인

1901년 독일의 정신과 의사인 알로이스 알츠하이머의 진료실에 한 사람이 찾아왔다. 이 여성은 51세로, 어느 날부터 간단한 물건의 이름조차 기억하지 못할 정도로 기억력이 나빠졌다고 한다. 방향감각을 잃어 제대로 걸을 수 없었고, 신문을 읽거나 글을 쓰지도 못했다. 의사는 그녀에게 물었다.

"이름이 무엇인가요?"
"아우구스테입니다."
"배우자의 이름은 기억나십니까?"
"아우구스테입니다."

그녀는 자신의 이름인 '아우구스테'만을 반복했다. 알츠하이머가 진찰한 5년 동안 원인을 알 수 없는 이 병은 악화되기만 할 뿐이었다. 그녀는 우울증과 환각 증상으로 고통받다가 끝내 사망했다. 그녀가 세상을 떠난 후 알츠하이머는 그녀의 뇌를 해부했고, 눈에 띄게 이상한 점을 발견했다. 보통 성인의 뇌 무게는 1.3~1.5 킬로그램이다. 그러나 환자의 뇌는 맨눈으로 봐도 심하게 쪼그라든 상태였다. 무게를 재니 800그램밖에 되지 않았다. 또한 뇌 표면에 검은 반점이 있었고 심하게 꼬여 있는 신경섬유 다발이 여럿 발견되었다. 그는 이 증상을 학회에 발표했고, 이 병은 알츠하이머치매라고 불리게 되었다.

신경세포는 신호를 전달하고 정보를 받아들이며 처리하는 일을 한다. 이 과정에서 아밀로이드 플라크amyloid plaque라고 불리는 독성물질이 뇌에 쌓이게 된다. 건강한 사람이라면 몸에서 이런 독성물질을 주기적으로 제거하지만, 알츠하이머치매 환자의 경우에는 제거되지 않고 뇌에 쌓인다. 그러면 뇌세포가 독성물질에 의해 파괴되면서 점차 퇴화한다. 기억장애와 언어장애가 생기고, 판단력이 떨어지며, 나아가 성격에까지 영향을 미치게 된다.

전체 치매 환자의 50퍼센

트 이상이 알츠하이머치매다. 알츠하이머치매에 걸린 유명인도 많은데 로널드 레이건 전 미국 대통령이 대표적이다. 그는 1989년, 대통령에서 퇴임한 지 5년 만에 대국민 편지로 자신이 치매에 걸렸다고 밝혔다.

갑자기 찾아오는 혈관성치매

알츠하이머치매는 오랫동안 진행되며 증상이 천천히 나타난다. 하지만 혈관성치매는 증상이 갑자기 생기며 악화되는 과정도 계단식이다. 확 나빠지고 한동안 멈춰 있다가 시간이 지나면 다시 나빠지는 모습을 보인다.

혈관성치매는 뇌혈관질환 때문에 뇌 조직이 손상을 입어서 생긴다. 우리 몸의 모든 세포에는 산소가 필요하다. 특히 뇌는 산소가 5분만 들어오지 않아도 치명적이다. 산소는 뇌혈관을 지나는 혈액이 운반하는데, 뇌혈관질환이 생기면 산소 공급이 원활하지 않게 된다. 그러면 뇌세포가 죽게 되며 치매 증상으로 이어진다. 혈관성치매가 생기는 가장 흔한 케이스는 중풍이나 뇌졸중을 겪고 나서다. 목숨을 잃을 뻔한 위기는 넘겼지만, 어느 순간 기억력이 떨어지고 얼굴 근육이 잘 안 움직이며 발음이 이상하게 나온다. 걷거나 일어서는 활동이 어려울 정도로 운동 능력이 갑자기 떨어진다. 그래서 병원에 갔다가 발견하는 경우가 많다.

그나마 다행인 점은 혈관성치매의 원인을 어느 정도 알고 있다는 사실이다. 따라서 알츠하이머치매와 달리 혈관성치매는 예방할 수 있다. 금연과 금주는 당연하고 혈압과 혈당, 콜레스테롤을 관리하며 혈관 건강에 신경 쓰면 30~40퍼센트는 예방할 수 있다고 한다.

2차 세계대전을 승리로 이끈 영국 수상 윈스턴 처칠도 혈관성치매를 앓았다고 한다. 처칠은 혈관성치매가 찾아오기 좋은 조건을 가지고 있었다. 술을 많이 먹고 담배를 즐겼으며 고혈압을 앓고 있었다. 그는 혈관성치매가 오기 전에 이미 여러 번 뇌졸중을 경험했다고 한다. 나중에 말조차 제대로 할 수 없었고 몸이 마비되어 정치에서 은퇴할 수밖에 없었다. 말년에는 증상이 더욱 악화되어 가족들도 기억하지 못할 정도였다고 한다. 작가이자 정치인으로서 연설도 잘하고 글도 잘 썼던 처칠도 치매의 무서운 손길을 피할 수는 없었다.

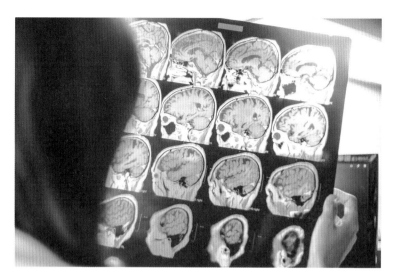

혈관성치매는 뇌혈관질환 때문에 뇌 조직이 손상을 입어서 생긴다.

치매를 치료할 수 있는 약

안타깝게도 치매를 완전히 치료할 수 있는 약은 아직 없다. 치매 치료제는 다만 치매의 진행을 늦출 뿐이다. 치매에 걸리면 아세틸콜린acetylcholine이라는 물질의 분비가 줄어든다. 아세틸콜린은 몸속의 신경세포들이 정보를 주고받을 수 있도록 신호를 전달한다. 뇌의 기억, 학습, 사고, 각성 활동에 필요한 물질이다. 현재는 몸속의 아세틸콜린 분비가 줄어들지 않도록 막는 약이 치매약으로 사용된다.

치매약을 먹으면 머리가 좋아질까?

뇌가 학습하고 기억할 때 아세틸콜린이 분비된다. 아세틸콜린이 뇌의 기능을 높여 주는 것이다. 이 때문에 몇몇 사람들은 아세틸콜린을 '머리가 좋아지는 성분'으로 알고 있다. 하지만 뇌가 아세틸콜린을 분비하는 양은 정해져 있다. 치매약은 아세틸콜린이 줄어드는 것을 막을 뿐이다. 따라서 치매약을 먹는다고 머리가 더 좋아지지는 않는다.

그러나 이 약은 주로 치매 초기에 사용한다. 증상이 심할 때는 'NMDA 수용체 길항제'라는 약을 사용해야 한다. 이 약은 쉽게 말해서 뇌 속의 불필요한 신호를 줄이는 역할을 한다. 시끄러운 소음이 가득한 곳에서 이야기를 나누면 정보가 제대로 전달되지 않듯이, 뇌 속에 불필요한 신호가 많다면 필요한 정보를 저장하고 사고하기 힘들기 때문이다. 이 약은 또한 뇌 속에 생기는 독성물질 때문에 뇌세포가 죽지 않도록 지켜 준다. 혈관성치매의 경우에는 뇌로 가는 혈관이 막히지 않도록 혈전피떡이 생기지 않게 하는 약아스피린이나 피의 응고를 막는 약을 추가로 사용하기도 한다.

종종 치매 환자 혼자서 약국에 약을 받으러 오는 경우가 있다. 치매 초기라 주변 사람에게 심려를 끼칠까 봐 이야기하지 않고 혼자서 오는 것이다. 이럴 때 약사는 매우 난처하다. 설명을 해줘도 시간이 지나면 하루에 몇 번 먹어야 하는지, 오늘 약을 먹었는지 기억하지 못하는 경우가 많기 때문이다. 그래서 치매 환자들의 약 봉투나 약 뚜껑에는 '1일 몇 회'라는 글자를 이중, 삼중으로 써놓고 설명한다. 그리고 다음에는 꼭 보호자와 함께 오도록 권한다.

아직도 치매라는 질병을 부끄럽게 생각해 밝히지 않으려는 이들이 있다. 남들에게 폐를 끼칠까 봐, 가족들과 주변 사람들에게 부끄러운 모습을 보일까 봐 걱정하기 때문이다. 그러다가 증상이 심각해져서 그제서야 가족들의 손을 잡고 병원을 찾는 경우가 셀 수 없을 정도로 많다.

치료보다 중요한 것이 예방과 조기 발견이다. 치매도 조기에 발견하면 일부 예방할 수 있고, 병의 진행을 크게 늦출 수 있다. 그러니 사랑하는 사람들과 자신의 안위를 위해서라도 치매 증상을 발견했을 때 최대한 빨리 진료를 받는 것이 좋다.

지니, 너는 자유야

디즈니 만화영화 <알라딘Aladin>1992에는 자스민 공주와 알라딘, 악당 자파 등 많은 캐릭터가 등장한다. 하지만 <알라딘> 속 감초 역할은 당연히 램프의 요정 지니다. 지니는 우스꽝스러운 개그와 신비한 마법으로 주인공을 도와주며 관객들을 사로잡는다.

지니 역의 성우는 당시 인기 배우였던 로빈 윌리엄스가 맡았다. 그는 70편이 넘는 영화를 찍은 베테랑 배우로 <굿 윌 헌팅 Good Will Hunting>1997, <죽은 시인의 사회Dead Poets Society>1989, <쥬만지 Jumanj>1995 등에 출연했다. 그래서 윌리엄스의 사망 소식은 그를 사랑하는 팬들에게 충격으로 다가왔다.

윌리엄스가 마지막으로 찍은 작품은 영화 <박물관이 살아 있다: 비밀의 무덤Night at the Museum: Secret of the Tomb>2014이었다. 그런데 그때 그의 모습은 어딘가 좀 이상했다고 한다. 연기를 하다가 갑자기 얼어붙은 것처럼 움직이지 않았고, 그러다가도 주체할 수 없을 정도로 손을 떨었다. 그리고 대사를 잊어서 엔지NG도 자주 났다. 스태프를 따뜻하게 대하던 그였는데 평소와 달리 화를 내거나 짜증을 냈고 환각을 보기도 했다.

윌리엄스는 전날 누구를 만났는지 기억나지 않고, 익숙한 친구의 얼굴을 알아보지 못하는 지경이 되어서 병원에 갔다고 한다. 그리고 충격적인 진단을 받았다. 그의 병명은 치매의 한 종류인 루이소체 치매대뇌피질 신경 내부에 루이소체라는 비정상적 단백질이 생겨나 퇴행성 치매를 일으키는 병였다. 그는 치매 선고를 배우로서의 죽음으로 받아들였을 것이다. 절망스럽고 고통스러운 시기가 찾아왔다. 그는 2014년 8월 11일, 아내에게 '잘자요, 수잔'이라는 말을 남긴 채 스스로 목숨을 끊었다. 그의 나이 63세였다.

만약 사랑하는 사람이 치매에 걸린다면 마음이 어떨까? 아니, 만약 내가 치매에 걸린다면 어떨까? 그저 이 시간이 빨리 지나가기를 바랄 만큼 힘들고 긴 시간이 될지 모른다. 남은 사람들에게 실망스러운 모습을 보여 주지 않고 품위 있는 모습으로 삶을 마감하고 싶어질지도 모른다. 윌리엄스 역시 고통스러운 뇌 안의 감옥에서 탈출하기 위해 극단적인 선택을 했는지도 모르겠다. 그가 사망한 후 미국 아카데미 시상식 재단은 <알라딘>에 나왔던 대사를 트위터에 올렸다.

"지니, 너는 자유야. Genie, you're free."

다행히 치매를 바라보는 관점이 바뀌고 있다. 치매가 개인의 문제가 아닌 사회와 제도의 문제라는 인식이 늘고 있다. 우리나라 정부 역시 2017년부터 국가 차원에서 치매환자를 책임지고 보살피겠다는 '치매국가책임제'를 시행 중이다. 전국 256개의 치매안심센터가 관련 프로그램을 제공하고 있고 중증 치매환자의 경우에는 전체 진료비의 90퍼센트를 국가가 부담하고 있다. 고령사회로 접어든 우리 사회에서 치매는 가장 큰 위협이 될 가능성이 크다. 따라서 국가적·제도적 차원의 지원과 사회적 인식 변화가 절실하다.

마약, 한국을 잠식하다

가끔 뉴스에서 마약 관련된 사건·사고가 보도된다. 최근에는 일반인, 심지어 학생들이 마약을 하거나 유통, 판매하다 적발되는 사례도 늘어나고 있다. 요즘은 경찰관이 음주 운전을 단속할 때 마약을 투약했는지 여부도 확인한다고 한다. 마약이 그만큼 우리 삶에 가까워졌다는 뜻이기도 하다.

그런데 약국에도 마약이 있다. 약국에 있는 마약은 마약성진통제와 향정신성의약품처럼 중독성과 의존성이 큰 약이다. 조제실 안, 두꺼운 문으로 꽁꽁 닫긴 금고에 따로 보관한다. 병원에서 처방받아 사용하는 강력한 마약성진통제는 실제 마약 성분과 효과가 비슷하다. 약의 효능이 강하고 빠르게 나타나며 부작용이 크기 때문에 특히 엄격하게 관리해야 한다. 앞에서도 설명했듯 이런 약들은 환자에게 전달되거나 새로운 약이 약국으로 들어올 때마다 남은 알약 하나하나의 개수가 제대로 맞는지 확인한다.

한때 우리나라는 마약 청정국이라 불렸다. 마약의 생산과 유통이 어려운 국가라는 뜻이다. 인구 10만 명당 마약사범마약을 불법으로 활용한 범죄자 2,000명 이하라면 마약 청정국이라 부른다. 하지만 우리나라의 마약사범은 현재 2,000명을 훌쩍 넘어섰다. 2016년에 8,000명이었던 마약사범은 5년 새 1만 2,000명으로 30퍼센트 증가했고 10대, 20대는 3배 가까이 늘었다.

최근 대부분의 마약 거래는 인터넷과 SNS를 통해 이루어진다. 만나지 않은 상태에서 주문을 받고, 가상화폐로 결제하기 때문에 인터넷 사용에 익숙한 젊은 층 범죄자가 빠르게 늘고 있다. 마약사범의 직종도 공무원, 전문직 종사자, 택시 운전사 등 다양하다. 어쩌면 우리의 이웃들도 마약의 위협으로부터 안전하지 않을 수 있다. 점점 심각해지는 마약 문제를 더 이상 방관할 수만은 없다.

고통을 줄여 준 아편

마약의 이름Narcotic은 그리스어로 '무감각'을 뜻하는 단어narkotikos 에서 유래되었다. 무감각과 마약은 어떤 관계일까?

넘어지거나 칼에 찔리거나, 상한 음식을 먹거나, 감염병에 걸렸을 때 모두 우리는 통증을 느낀다. 이는 생존을 위해 필요한 반응이기도 하지만 한편으로는 인간을 고통스럽게 만드는 원인이기도 하다. 오래전부터 사람들은 이 고통을 줄이기 위해 여러 가지 방법을 시도했을 것이다. 그러던 어느 날 어떤 풀을 먹으니 고통이 줄고 심지어 기분이 좋아지는 효과가 있었다.

이러한 약의 대표로 아편을 들 수 있다. 아편은 인류가 최초로 사용한 약 중 하나이자 지금까지 사용하고 있는 대표적인 마약성진통제다. 아편의 재료는 양귀비라는 식물이다. 양귀비 열매에 상처를 내면 끈적하고 하얀 액이 나오는데 그 액을 말리면 아편이 된다. 아편에는 해열, 마취, 진정 작용이 있어서 다양하게 쓰였다.

아편은 진통 효과가 아주 뛰어나다. 그래서 지금도 암이나 골격근 질환처럼 큰 고통이 따르는 경우에 진통제로 많이 쓰인다. 그러나 장기간 사용하면 엄청난 부작용을 가져온다는 특징이 있다. 아편을 통해 진통 효과를 보게 되면 계속해서 약을 찾게 되며, 이전에 썼던 것보다 많은 양을 써야 충분한 효과가 나타난다. 금단증상도 있어서 약을 끊으면 엄청난 고통이 몰려온다. 한번 중독되면 헤어 나올 수 없는 무서운 늪과 같다.

사람들은 아편의 부작용은 줄이고 효과는 극대화하기 위해 노력했다. 그 과정에서 아편 성분을 화학적으로 합성해 더 강력한 약들을 만들어 냈다. 바로 모르핀morphine과 헤로인heroine이다. 2차 세계대전을 배경으로 한 영화를 보면 포탄에 팔다리가 날아간 군인이 어떤 주사를 맞고 고통을 느끼지 않는 장면이 나온다. 이

아편은 양귀비에서 나오는 끈적한 액체를 말려서 만든다.

주사가 바로 모르핀이다. 그 효과가 어느 정도인지 짐작조차 할 수 없다. 하지만 여전히 부작용도 심해서 전쟁이 끝난 후 수많은 병사가 모르핀에 중독되었다.

대마초가 불법인 이유

대마초 역시 아편처럼 인류가 일찍부터 사용하던 마약이다. 약 200년 전까지는 중국과 인도에서 진통제로 쓰였고 이후 유럽과 미국으로 전파되었다. 미국의 일부 주에서는 대마초를 합법화하기도 하지만 우리나라에서는 대마초가 불법이다. 환각작용이 있어 위험하기 때문이다.

대마초를 피우면 어떻게 될까? 일단 온몸에 힘이 빠지고 나른해진다. 눈에 힘이 풀리고 주의력이 떨어지며 감각이 왜곡되기도 한다. 귀에서 환청이 들리거나 시야가 흐릿해지고, 온 세상이 렌즈를 씌운 듯 여러 가지 색상으로 바뀌어 보인다고 한다. 그러다 보니 일부 예술가들이 작품의 영감을 얻기 위해서 대마초를 이용한다고 한다.

그러나 대마초를 피우게 되면 기억력이 감소하며 뇌의 판단력과 신체의 전반적인 운동능력이 떨어진다. 또한 타르라는 발암물질의 함량이 담배보다 2배나 높아서 폐암과 만성기관지염에 걸릴 위험이 크다. 2015년 영국 런던대 연구팀이 조사한 결과에 따르면 대마초를 매일 피우면 환청이 들리거나 환영이 보이는 정

대마초는 환각작용을 일으킨다.

내가 만든 약이 세상을 구한다면

신질환 발병률이 5배나 커진다고 한다.

　사실 현재 대마초는 마약이다 아니다 하며 논란의 중심에 서 있다. 우리나라에서도 일부 의료인과 환자 들이 대마초 사용의 합법화를 주장하고 있다. 대마초가 마약이 아니라고 주장하는 단체는 담배보다 중독성이 적다는 점을 내세운다. 담배가 이미 합법적으로 판매되는데, 그보다 중독성이 약한 대마초는 왜 합법이 아니냐는 주장이다. 또 다른 근거는 대마초가 꼭 마약으로만 쓰이는 것이 아니란 점이다. 실제로 대마초의 성분 중 칸나비놀cannabinol에는 간질을 억제하는 효능이 있다고 밝혀졌다. 특히 2~5세에 발병하는 소아 간질 환자에게 효과가 있다고 알려져서 우리나라에서도 승인을 고려하고 있는 상태다. 미국 FDA에서는 2018년 대마초 유래 정제 물질인 CBD를 간질약으로 승인하기도 했다. 대마초를 피우면 긴장이 풀리고 행복감이 들기 때문에 이롭다는 견해도 있다. 그러나 위험성이 큰 만큼 규제가 필요하다는 쪽과의 대립이 팽배하다.

가난한 자의 마약, 필로폰

현재 우리나라에서 가장 많이 생산되는 마약은 필로폰이다. 특이한 점은 우리나라에 유통되는 필로폰 절반이 북한산이라는 거다. 가난한 북한 사람들이 돈을 벌기 위해 필로폰 제조 산업에 뛰어든다고 한다. 통계에 따르면 북한 주민 20퍼센트가 필로폰을 복용 중이며 북한에서도 큰 사회적 문제라고 한다.

필로폰 마약사범들은 유난히 재범률이 높다. 필로폰의 의존성이 아주 높기 때문이다. 필로폰을 투약하면 중추신경이 흥분되어 기분이 좋아지고, 조현병 증세를 보이거나 환각을 보기도 한다.

필로폰의 대표적인 부작용 중 하나가 '메스버그'라는 증상이다. 온몸에 벌레가 기어 다니는 듯한 감각을 느끼고 환각을 본다고 한다. 그래서 피부를 긁게 되고 온몸에 상처가 생기게 된다. '메스마우스'라는 부작용도 있다. 잇몸이 무너지고 이빨이 검게 변하면서 마모되어 흉측하게 변하는 부작용이다. 그래서 필로폰에 중독된 사람의 사용 전과 사용 후 사진을 보면 마약이 사람의 인생을 얼마나 망치는지 두 눈으로 확인할 수 있다.

필로폰은 화학적 지식이 있다면 쉽게 만들 수 있다. 우리나라에서 코감기 약에 들어가는 슈도에페드린이란 성분으로 필로폰을 제조하려던 일당이 검거된 적이 있다. 마약 성분 제조가 가능한 이런 약들은 10정, 8정의 소량 포장으로 판매되어야 한다.

술은 마약일까 아닐까

마약이란 무엇일까? 세계보건기구는 마약을 다음과 같이 정의한다.

1. 어떤 수단을 쓰더라도 약물을 사용하려는 강한 욕구가 생기고

2. 약물의 사용량을 점점 늘려야 효과가 있으며

3. 사용을 중지하면 온몸에 견디기 힘든 증상이 나타나며

4. 개인뿐만 아니라 사회에도 해를 끼치는 약물

그렇다면 술과 담배는 어떨까? 한국마약퇴치운동본부의 입장에 따르면 술과 담배는 마약이 아니라고 한다. 왜냐하면 술, 담배는 그것을 사용하는 사람에게는 해롭지만, 사회에 미치는 영향은 마약만큼 심각하지 않기 때문이다.

하지만 이를 반박하는 연구 결과가 꾸준히 나오고 있다. 먼저 술을 살펴보자. 우리나라는 유독 다른 나라보다 술 소비량도 많고 술로 인한 사회적 문제도 많이 일어난다. 우리나라 특유의 술 문화 때문이다. 잔을 주고받으며 빨리 마시고 많이 마신다. 회식 자리가 잦으며, 술자리에 빠지기 어려운 사회 분위기도 한몫한다. 술 때문에 생기는 사건 사고도 많다. 2018년 말 음주운전자에 대한 처벌을 강화하는 법^{'특정범죄 가중처벌 등에 관한 법률 개정안' 및 '도로교통법 개정} ^{안'. 일명 '윤창호법'이라 불린다}이 시행된 덕분에 음주 관련 사고가 많이 줄어들었다. 그러나 여전히 술 때문에 생기는 사회적 문제가 많은 편이다.

술은 적당히 마신다면 크게 문제가 되지 않는다. 그러나 너무 많이 마시면 사고력과 단기 기억력이 떨어진다. 충동적으로 잘못된 행동을 하기도 하고 운동능력도 약해져 크게 다치기도 한다.

술 많이 마시면 치매가 온다고?

술을 마시면 혈관을 지나는 피의 양이 순간적으로 줄어든다. 이게 반복되면 세포로 가는 피가 적어지고, 뇌의 크기가 작아진다. 당연히 뇌 능력 자체도 떨어진다. 기억, 집중, 판단, 운동 수행 모든 능력이 줄어드는 것이다.

또한, 알코올 성분이 뇌신경에 손상을 줘서 생기는 '알코올성 치매'도 있다. 알코올치매는 노인보다 술을 많이 마시는 중년이 더 많다. 나이 들어 생기는 노인성 치매도 24퍼센트가 알코올과 연관이 있다고 한다.

또한 장기적인 음주는 인체의 거의 모든 기관에 악영향을 끼친다. 특히 심장병, 고혈압 같은 심혈관 질환을 일으키고 지방간과 간암을 일으키며 알코올성치매나 정신장애도 가져온다. 실제 조사에 따르면 음주자의 사망률이 술을 마시지 않는 사람의 2배라고 한다.

당연히 이로 인한 사회적 손실도 많다. 사회적 비용은 환자가 질병에 걸려서 이를 치료하는 과정에서 사회 전체에 부담되고 손실되는 비용을 말한다. 술로 인한 사회적 비용은 대략 10조 원이다. 국가의 GNP국민총생산에서 2~6퍼센트 정도 손실을 입힌다고 하니 이 정도면 술도 사회에 악영향을 끼치는 마약이 아닐까?

흡연으로 생기는 사회적 손실

담배는 기원전부터 쓰인 약물이다. 종교의식이나 환자의 통증을 완화하는 데 쓰였다. 마취약을 발명하기 전까지는 수술할 때 생기는 통증을 줄이기 위해 환자에게 담배를 피우게 했다고 한다.

그 후에는 기호식품이 되었다. 담배가 몸에 해롭다는 인식이 생기기 시작한 것은 1964년이 되어서였다. 담배가 폐암, 후두암, 만성기관지염을 일으킨다는 연구 결과가 공식적으로 발표되었기 때문이다.

담배에는 4,000여 가지의 화학물질이 들어가고 50여 가지의 발암물질이 들어 있다. 대표적인 화학물질로는 니코틴과 타르가 있다. 니코틴은 강한 중독성을 가지고 있다. 타르는 담배를 태울 때 나오는 검은 물질로 치아와 손가락을 노랗게 만든다. 또한 1등급 발암물질이기도 하다. 이러한 유해 물질이 드러난 뒤 필터 있는 담배, 저타르 니코틴 담배, 전자 담배가 등장했지만 몸에 나쁘기는 마찬가지다.

흡연이 해롭다는 건 모두가 아는 사실이지만 한 번 더 살펴보자. 담배 역시 술과 마찬가지로 몸 전체에 다양한 악영향을 준다. 가끔 흡연이 신체를 각성시키고 불안감과 스트레스를 해소하는 효과가 있다고 주장하는 사람들이 있다. 하지만 이 장점을 제외한 모든 것이 해롭다고 말할 만큼 담배는 나쁘다.

가장 많이 알려진 것이 폐 기능 저하, 폐암 발병률 증가, 산소운반능력_{몸 안의 조직 구석구석으로 산소를 공급하는 능력} 저하다. 또 혈관을 수축시켜서 심장과 뇌로 가는 산소가 적어지고, 심혈관질환에 걸릴 가능성이 높아진다. 따라서 흡연자는 급성심근경색, 심장질환, 뇌졸중으로 인한 사망 위험도가 비흡연자보다 1.6배 더 높다. 면역력도 떨어지며 고지혈증과 고혈압 같은 만성질환에 걸릴 위험도 증가한다. 담배의 발암물질은 후두에 직접 노출되어 후두암을 일으킨다. 실제로 우리나라 남성 후두암 환자의 80퍼센트는 흡연이 원인이라고 한다. 또한 60년간 조사한 연구에 따르면 흡연으로 사망할 확률은 비흡연자보다 57.6퍼센트 더 높다.

흡연으로 생기는 사회적 비용은 8조 9,000억 원에 달한다. 정부에서도 담배로 인한 사회적 손실을 인정하고 금연정책에 박차를 가하고 있다. 담배에 높은 세금을 부과하거나 담배 포장에 경각심을 높이는 사진과 문구를 넣는다. 국가적으로 금연을 지원하는 사업도 시행하고 있어 저렴하게 금연약을 포함한 치료 프로그램을 이용할 수 있다.

이렇게 담배가 몸에 나쁘다는 사실이 알려졌지만 여전히 성인 4명 중 1명이 흡연자다. 왜일까? 담배의 중독성 때문이다. 70퍼센트의 흡연자가 담배를 끊고 싶어 하며 매년 34퍼센트 흡연자가 금연을 시도하지만 대다수가 성공하지 못한다. 니코틴이 몸에 들어오고 2시간이 지나면 우리 몸은 또다시 니코틴을 달라고 외친다. 집중력이 떨어지고 짜증이 난다. 그래서 약국에서 금연을 돕는 패치나 껌을 판매한다. 하지만 역시 제일 좋은 방법은 담배를 처음부터 피우지 않는 것이다.

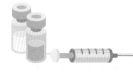

진로찾기 **병원 약사**

의학 드라마의 배경은 대부분 대학병원 정도의 큰 병원이다. 수많은 사람이 하루에도 몇 번씩 드나들며 삶과 죽음이 끝없이 반복되는 공간이기에 그렇다. 거대한 본관 로비를 지나는 사람들, 다양한 약물과 신기한 의료기기들까지 드라마의 배경이 되기에 좋다. 게다가 요즘 대학병원은 건물도 크고 예뻐서 한 번쯤 이런 곳에서 일해 보고 싶다는 생각이 절로 든다.

만약 약사로서 드라마틱한 경험을 하고 싶거나 전문적 지식을 쌓고자 한다면 병원 약사를 추천한다. 병원 약사가 되기 위해서는 우선 약대를 졸업해야 하고, 그 후 병원에서 모집 공고를 낼 때 지원하면 된다. 정기 모집과 수시 채용이 있으며 이는 일반적인 취업 방식과 다르지 않다. 크고 유명한 병원들은 당연히 경쟁률이 높다. 업무 중 영어로 된 논문이나 정보를 많이 접하기 때문에 공인 영어 시험의 성적도 있으면 도움이 된다.

병원 약사의 가장 큰 특징을 한마디로 표현하면 '다양한 경험'이다. 물론 병원 약사도 근무 약사나 개국 약사처럼 기본적인 약사의 일을 한다. 병원 내의 조제실에서 근무하며 환자들의 약을 조제하고 복약지도를 하는 것이다. 하지만 병원의 약사는 약학 지식을 더 넓게, 더 많이 활용해야 한다. 대학병원 안에 있는 약품이 몇 가지나 될까? 자그마치 2,000가지가 넘는다. 따라서 약의 효능, 용법과 용량, 부작용에 대해 잘 알고 있어야 하고 계속해서 공부도 많이 해야 한다.

암환자를 위한 항암제를 조제하고 제대로 만들어졌는지 검사하는 역할은 병원 약사만 할 수 있는 일이다. 음식물을 먹지 못하는 환자들을 위해서 주사로 영양분을 주입하는 영양수액을 조제하는 일도 병원 약사가 맡는다. 의사와 약사가 팀을 이루어 환자를 치료하는 '팀 의료'의 일원이 된다면 주치의와 함께 병원을 회진하면서 환자를 치료하기 위한 약물 처방을 의논하기도 한다.

병원 약국 안에도 여러 분야가 있다. 약을 조제하는 부서, 검사하는 부서, 복약지도를 해주는 부서 등이다. 보통 주기적으로 돌아가면서 일하기 때문에 자연스럽게 여러 부서를 경험할 수 있다.

더 전문적인 약사가 되고 싶다면 '전문약사과정'에 지원하면 된다. 필요한 전공과목을 이수하고 전문약사 자격시험에 합격하면 전문약사 자격증을 받을 수 있다. 전문약사가 되면 감염병 부분, 내분비 부분, 심혈관계 부분, 영양 부분, 장기이식 부분 등 좀 더 전문화된 영역에서 활동할 수 있다.

그 외에도 병원에서 정기적으로 개최하는 학회에 참석해 의사, 교수들과 함께 공부하기도 한다. 또한 병원에서 제공하는 다양한 복지를 누릴 수 있으며 직업의 안정성도 높은 편이다.

그러나 근무 약사나 개국 약사보다는 수익이 적으며, 정기적으로 야근을 해야 한다. 위급 상황에도 병원 약국은 열려 있어야 하기 때문이다. 보통 1개월에 5~6번 정도 야간 근무가 있다는 점을 참고하자.

2013년 우리나라의 배우가 미국에서 지주막하출혈이란 병으로 급하게 수술을 받은 적이 있다. 그때 병원비가 5억 원이나 나왔다고 한다. 병원비 5억 원이라니, 우리나라에서는 상상할 수 없는 일이다. 참고로 우리나라에서는 지주막하출혈로 인한 진료비는 대략 420만 원이고, 그중 환자가 내는 금액은 80만 원이다. 5억 원과 80만 원의 차이를 보니, 우리나라의 건강보험이 얼마나 좋은지 실감하게 된다.

의료의 편리를 뒷받침해 주는 큰 요인이 바로 저렴한 약값이다. 우리나라 약값은 정말 싸다. 병원에서 처방받아 약국에 온 환자들은 보통 실제 약값의 30퍼센트만 낸다. 65세 이상 국민은 500~1,000원 정도만 내는 때도 있다. 그럼 나머지 70퍼센트는 누가 낼까? 바로 정부가 내준다.

우리나라 국민은 나라에서 운영하는 의료보험에 의무적으로 가입해야 한다. 그리고 정부는 국민이 내는 돈으로 아픈 사람들의 진료비를 지원한다. 덕분에 가난하든 부유하든 가리지 않고 골고루 의료 혜택을 누릴 수 있다.

하지만 모든 약이 저렴하게 제공되지는 않는다. 모든 경우에 의료보험을 적용해 준다면 무분별한 처방으로 나라가 빚더미에 앉을 것이 뻔하기 때문이다. 그래서 '이런 경우에는 저렴하게 약을 주고, 저런 경우에는 환자가 돈을 더 내야 한다' 하는 기준이 있다. 대표적인 예가 여드름약같이 미용 목적으로 처방받는 약이나 발기부전 치료제처럼 질병으로 분류할 수 없는 경우다. 이때는 의료보험이 적용되지 않아서 환자는 더 큰 비용을 낸다. 다른 약들도 나라에서 정한 기준 외의 경우라면 보험 적용을 받지 못한다.

이 기준을 정하는 곳이 바로 건강보험심사평가원심평원이라고도 부른다이다. 건강보험심사평가원 약사의 주 업무는 건강보험을 적용할 약과 그 사용 사례를 심사하고 정하는 일이다. 또한 병원과 약국이 나라에 청구한 금액이 적절한지 심사하고 평가한다. 따라서 이곳에서는 약에 대한 전문 지식을 가진 약사가 많이 필요하다.

건강보험심사평가원에서 일하려면 숫자 계산에 능통해야 한다. 세금과 진료비를 다루기 때문이다. 또한 사회제도와 시스템에 대해 폭넓게 이해하고 있어야 한다. 이런 지식을 바탕으로 제도상 생길 수 있는 여러 가지 경우의 수를 예측한다. 아픈 사람들을 도와주고 싶다는 마음 또한 당연히 있어야 한다.

'좋은 나라'의 기준은 무엇일까? 좋은 나라를 만들기 위해 가장 먼저 필요한 것은 '좋은 사회제도'가 아닐까? 사회제도가 잘 작동하기 위해서는 섬세하고 정교한 규칙과 시스템, 이를 감시하고 판단하는 기관이 있어야 한다. 건강보험심사평가원은 좋은 제도를 유지하기 위해 꼭 필요한 관리자라고 할 수 있다.

4장

약으로
미래에 대비하다

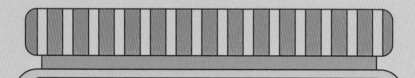

안전하고 효과적인 신약을 개발한다면
많은 사람의 생명을 구할 수 있다.

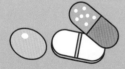

신약은 어떻게 만들어질까

약을 연구하고 개발하는 사람에게 '신약 개발'은 꿈 같은 이야기다. 신약을 개발한다는 것은 말처럼 쉬운 일이 아니기 때문이다. 신약이 발견되고 출시되기까지 최소 8년에서 15년이 걸리며, 연구비만 평균 17억에서 40억 달러가 든다. 성공 확률로 치면 0.02퍼센트에 불과하다. 하지만 성공한다면 그 보상도 엄청나다. 만약 훌륭한 신약을 개발해 낸다면 엄청난 부와 명예를 거머쥘 수 있다.

인류에게는 과거에도 현재도, 그리고 미래에도 치료해야 하는 질병이 무수히 많이 있다. 고혈압, 고지혈증, 당뇨병과 같은 만성질환부터 알츠하이머치매 같은 뇌질환, 무서운 속도로 전파되는 바이러스질환, 관절염 같은 퇴행성질병, 기미나 주름 같은 노화부터 발기부전과 탈모까지. 모든 분야에서 새로운 약을 기다린다.

　현재까지 나온 신약의 종류가 다양한 만큼 신약을 만드는 방법 역시 다양하게 개발되어 왔다. 방법이 다양해질수록 신약을 성공적으로 개발할 확률이 높아진다. 인체의 비밀은 서서히 밝혀지고 있고, 인간이 질병을 정복할 날이 머지않았다고 믿는다. 그러면 신약이 어떻게 만들어지는지 살펴보자.

먼 옛날부터 사용해 온 스크리닝

중국 의학의 시작이라 불리는 신농이라는 사람이 있다. 신농은 약의 신이었으며 머리는 소, 몸은 인간이라고 한다. 과연 실존했던 사람인지 아니면 전설 속 사람인지, 구체적으로 어느 시기에 활동했는지 알려진 점은 많지 않다. 그러나 이 사람이 약의 신으로 불리는 이유는 분명하다. 2,000종의 약초를 직접 먹어 보고 그 효능과 효과를 《신농본초神農本草》라는 책으로 정리했기 때문이다. 그리고 이 약초들을 조합해 365종류의 약을 발명했다. 이는 오늘날 한방약의 원조라 할 수 있다.

　로마에도 신농과 비슷한 인물이 있었다. 바로 기원전 60년경에 활동했던 그리스계 약학자 디오스코리데스다. 그는 사람들 사이에서 전해져 오던 약초와 직접 조사한 600종에 달하는 약초의 효능을 정리해 《약물에 대해서De Materia Medica》라는 책을 집필했다. 약대생들이 약대를 졸업할 때 그의 이름을 딴 '디오스코리데스 선서'를 할 정도로 아주 중요한 인물이다.

초창기에 신약을 발견하는 방법은 직접 먹어 보는 것이었다. 직접 약초를 먹어 보고 그 효과와 효능을 책에 기록하거나, 말을 통해 전달했다. 이 방법을 스크리닝screening, 약물을 사람이나 동물에 직접 투여, 복용, 주입해서 나온 결과를 통해 효능과 부작용을 확인하는 방법이라고 한다. 우리나라의 한의학 역시 스크리닝으로 탄생한 학문이라고 할 수 있다. 한의학은 약초 그대로, 즉 생약 성분을 사용하며 한의학의 이론은 대부분 오랜 세월 동안 직접 약을 먹어 보고 실험해 정립된 결과다.

스크리닝은 오늘날에도 많이 사용된다. 우리가 몸에 좋다고 먹는 건강기능식품들 역시 과거부터 입에서 입으로 전해 내려온 것이 많다. 예를 들면 관절염이나 위장병에 좋다고 알려진 매스틱과 보스웰리아는 '신의 눈물'이라는 이름으로 옛날부터 쓰였다고 한다.

디자인을 통한 신약 개발

하지만 화학합성을 통해 새로운 약물을 만들기 시작한 100년 전부터 많은 신약이 디자인설계을 통해 개발되고 있다. 약물을 디자인한다는 것은 화학적으로 합성하거나, 미생물을 이용해 합성하거나, 유전자 공학을 통해 합성한다는 뜻이다. 원자 단위, 단백질 단위로 붙이거나 떼어 내서 새로운 약을 만든다.

여기에도 여러 가지 방법이 있는데 가장 많이 사용하는 방법은 이미 있는 화합물에 화학물질을 추가해 더 나은 약물을 만드는 것이다. 1장에서 살펴봤던 소염진통제 아스피린이 대표적이다. 기존에 소염제로 사용하던 버드나무의 살리실산의 구조에 작은 화학구조를 붙이자 약효는 더 좋아졌고 부작용은 줄어들었다. 살리실산이라는 원래 물질에서 아스피린이라는 신약이 탄생했다. 기존 성분에 작은 부분을 더해 신약을 만들었다고 할 수 있다.

또 다른 방법은 우리 몸속에 있는 물질과 비슷한 구조의 물질을 만드는 방법이다. '의자 뺏기 놀이'를 생각해 보자. 병에 걸리면 우리 몸에서는 인체에 나쁜 반응을 일으키는 물질들이 만들어진다. 이 물질들이 의자에 앉으면 해로운 반응, 예를 들면 콧물이 나거나 가려움증이나 통증을 느끼게 된다. 그런데 이 의자에 앉을 수 있지만 나쁜 반응을 일으키지 않는 사람들을 놀이에 참가시키면 어떨까? 이런 방식으로 만들어지는 대표적인 약이 바로 '항히스타민제'다. 히스타민_{콧물, 기침, 염증을 일으키는 물질}과 구조가 유사해서 의자에 앉을 수 있지만 나쁜 반응을 일으키지 않기에 약으로 쓰인다. 이는 기존 성분의 구조에서 아이디어를 따와서 신약을 개발하는 방식이다.

가장 수준 높은 기술은 의자의 모양을 파악하고 그 의자에 앉을 수 있는 약을 미리 설계하는 것이다. 이를 '구조기반 약물설계'라 한다. 의자 모양을 파악하는 일이 가장 어려운데, 이때는 약이 작동하는 수용체의 단백질 구조를 입체적으로 분석하는 기술을 사용한다.

몰랐던 약의 작용기전약이 어떤 과정을 거쳐서 효과를 나타내는지를 설명하는 일을 밝혀내는 일도 신약 개발의 방법 중 하나다. 아스피린 역시 출시된 후 70년이 지나서야 그 작용기전이 밝혀졌다. 우리는 의학 연구를 통해 효능은 있지만 어떻게 효능을 내는지 몰랐던 약들에 대해 알아가고 있다.

수많은 생명을 구하기 위해

신약을 만드는 데 여러 가지 방법이 있지만, 더 중요한 점이 있다. 약은 기본적으로 질병을 치료하는 물질이다. 즉, 질병의 원인을 알아야 치료할 수 있는 약도 개발할 수 있다. 과거에는 '이것도 먹어 보고 저것도 먹어 봐서 치료제를 찾자'는 방식이었다면 지금은 원인을 밝히고 가장 성공 확률이 높은 치료제를 찾기 위해 노력한다. 그래서 병의 원인을 밝혀내는 의학계와의 협업이 중요하다.

또 신약 개발에서 중요한 것은 대량생산이 가능해야 한다는 점이다. 아무리 좋은 약이라도 생산 비용이 터무니없이 비싸다면 어떻게 될까? 당연히 환자가 부담해야 하는 약값도 비싸진다. 그렇게 되면 돈 많은 사람만 치료받고 돈이 없는 사람은 혜택을 누리지 못할 것이다. 즉, 신약은 좋은 약인지도 중요하지만 '많은 사람이 약의 혜택을 볼 수 있는지'도 중요하다.

약사로서 신약 개발에 이바지할 수 있는 방법은 다양하다. 새로운 성분을 찾아낼 수도, 몰랐던 약의 작용기전을 밝혀낼 수도, 기존 방법보다 효율적인 생산기술을 개발해 낼 수도 있다. 이 분야에 도전해 보자. 안전하고 효과적인 신약을 개발한다면 많은 생명을 구할 수 있을 것이다.

<CSI: 과학수사대CSI: Crime Scene Investigation>라는 드라마 시리즈가 있
다. 최첨단 과학 기술을 이용해 각종 범죄 사건을 해결해 나가는
내용이다. 사망자가 죽은 원인을 조사하기 위해 범인의 혈액과
지문을 채취하고, 시체에서 독약을 찾아내 범인을 검거하기도
한다. 보고 있으면 한 번쯤 주인공이 되어 보고 싶다는 꿈을 꾸
게 된다.

미국에 CSI가 있다면 우리나라에는 국립과학수사연구원이하 국
과수이 있다. 국과수는 우리나라의 유일한 종합 연구 기관으로, 범
죄 수사 중 발견한 증거물을 과학적으로 감정하고 연구한다. 현
재 전국에 5개서울, 부산, 대구, 광주, 대전의 수사연구소가 있다.

국과수 연구 약사가 하는 일은 크게 2개로 나뉜다. 하나는 약

독물 관련 업무다. 누군가 독약 때문에 사망했다고 의심된다면 경찰은 피해자의 혈액이나 머리카락, 타액과 위 내용물 등을 채취해 국과수 연구소로 보낸다. 그러면 연구 약사는 해당 내용물 안에 어떤 성분이 들어 있는지 분석한다.

시골에서 할머니들이 막걸리를 나누어 마시다가 사망하는 사건이 있었다. 알고 보니 막걸리 안에 누군가 농약을 탔었던 사실이 밝혀졌다. 피해자가 어떤 음식이나 음료를 통해 독을 먹게 되었는지 분석하는 일도 국과수 약사의 업무 중 하나다.

또 다른 대표 업무는 바로 마약 관련 사건이다. 우리나라는 과거에 마약 청정국이라고 할 정도로 마약과는 거리가 먼 나라였지만 현재는 사실상 그 지위를 잃었다. 특히 마약을 하여 구속되는 연예인이나 재벌 2, 3세들의 이야기는 이제 익숙할 정도다.

이때 국과수는 마약으로 의심되는 증거품이 진짜 마약인지, 어떤 종류의 마약인지 알아내는 일을 한다. 또 마약을 불법으로 사용했다고 의심되는 사람의 혈액이나 머리카락을 채취해 실제 마약 투여 여부를 확인한다.

국과수 약사가 되고 싶다면 다양한 체험을 해보는 것이 좋다. 학생 시절의 경험이 현장에서 일하는 데 많은 도움이 되기 때문이다. 외국 문헌을 참고하는 경우가 많으며 외국 학회에 참석하는 일도 많으니 영어 공부도 해야 한다.

같은 메뉴가 여러 음식점에 있을 때 항상 논란이 되는 것은 '누가 원조냐'다. 어떤 가게가 원조라는 말은 가장 먼저 시작했고 그만큼 오랜 전통과 비법이 있으니 맛있다는 뜻이다. 그래서 너도 나도 원조라고 주장한다.

약품도 마찬가지다. '누가 이 약의 원조인가'는 중요한 문제다. 왜냐하면 특허와 관련이 있기 때문이다. 특허란 독점 배타권을 갖는 권리를 말한다. 쉽게 말해서 내가 어떤 약에 대한 특허를 가지고 있으면 나만 사용할 수 있고, 다른 사람은 제조법을 베낄 수 없다.

특허가 왜 있는 걸까? 약을 만드는 일에는 어마어마한 비용과 시간, 노력이 들기 때문이다. 만약 그렇게 힘들게 개발한 신약을 다른 회사가 똑같이 복제해서, 그것도 더 싼 가격으로 출시한다면? 제약사 입장에서는 너무 막대한 손해다. 앞으로 연구하고 개발할 의욕이 싹 사라질 것이다. 그렇기에 각 제약사가 연구한 노력을 인정하고 새로운 기술개발을 장려하기 위해 일정 기간 신약에 대한 독점 배타권을 준다. 신약이 출시되면 보통 20년 동안 특허권을 인정해 준다. 이 기간에는 다른 회사에서 이 약을 베껴 생산, 판매할 수 없고 오로지 특허권을 가진 회사만 약을 만들고 판매해 이득을 얻을 수 있다.

그런데 제약업계에서는 이런 특허를 두고 법적인 분쟁이 많이 일어난다. 예를 들면 A라는 회사가 신약을 만들어 판매했다. 그런데 B라는 회사가 이 약의 화학 성분을 아주 조금만 변형시켜서 효능, 효과가 비슷한 약을 판매하기 시작했다. A 회사에서는 '우리 약을 베낀 거다!'라고 주장하고 B 회사에서는 '화학 구조가 다르니 엄연히 새로운 약이다!'라고 주장한다.

이를 중재하는 사람이 바로 의료 제약 변리사다. 변리사는 특허를 위한 변호사와 같다. 새롭게 만든 기술과 제품이 특허를 받을 수 있도록 도와주기도 하고, 해당 특허권을 침해받지 않도록 막아 주며, 특허권 행사가 정당하게 이루어지도록 도와준다. 의료 제약 변리사는 그중에서도 약에 관한 특허를 전문적으로 다룬다.

최근 제약 관련 특허 분쟁이 증가하고 있다. 회사마다 기술과 제품이 비슷한 경우가 많아 특허 분쟁이 늘어난 것이다. 희소성이 높은 의료 제약 변리사의 미래 전망이 좋다고 할 수 있다.

약사 면허를 땄다고 해서 바로 변리사가 될 수는 없다. 의료 제약 변리사가 되려면 우선 국가에서 주관하는 변리사 시험에 합격해야 한다. 시험은 1차, 2차에 걸쳐 치러지며 각각 2월, 7월에 시행된다. 변리사 시험에 합격한 이후에는 변리사 사무소나 회사에 들어가 활동하게 된다. 변리사의 업무는 대부분 전화나 이메일을 통해 진행된다.

변리사에게 중요한 자질은 무엇일까? 기본적으로 본인이 맡은 기술 분야에 대한 전반적인 이해력과 분석력, 특허받을 만한 기술을 발견할 수 있는 안목이 필수다. 아울러 팀으로 활동하기 때문에 대인관계능력이 좋아야 한다. 외국 지사와 함께 작업하는 경우도 있어서 외국어를 잘하면 더 좋다.

특허 때문에 새로운 약이 출시되지 못하고 발만 동동 구르는 일도 있고, 혁신적인 기술이 특허를 받지 못해 세상의 빛을 보지 못하기도 한다. 의료 제약 변리사는 기술의 가치를 발견하고 세상으로 나올 수 있도록 도와주는 장인과 같다. 새로운 지식에 관심이 많고 협상과 갈등 조정에 자신이 있다면 기술 변호사인 변리사를 꿈꾸어도 좋겠다.

유튜브를 통해 '개 구충제를 먹으면 암이 낫는다'는 이야기가 퍼진 적이 있다. 이에 대해 대부분의 의사와 약사는 '정확한 임상시험 결과가 없으므로 받아들이기 힘들다'는 태도를 보였다. 그러나 사실처럼 받아들인 사람이 너무 많아서 전국적으로 개 구충제가 품절되는 웃지 못할 해프닝이 벌어졌다.

　의료 분야는 전문가와 일반인 사이의 정보 격차가 큰 편이다. 항상 의학 지식을 접하고 공부하는 의사나 약사 들이야 약과 질병에 대한 정보에 익숙하지만, 일반인들은 성분 이름만 들어도 어려워하는 경우가 많다. 이 때문에 잘못된 지식이나 정보를 사실인 양 오해하기도 쉽다. 인터넷과 SNS로 무수한 건강 정보가 난립하는 요즘은 그 문제가 더 심각하다. 대중에게 올바른 정보를 쉽고 재밌게 전달하는 의료 전문가가 많이 필요하다는 생각이 든다.

메디컬 라이터는 의료 연구자와 대중을 연결하는 사람이다. 의약학 전문 데이터와 질환 자료, 논문, 사례, 뉴스 등을 대상에 맞는 방식으로 편집하고 가공해 전달한다. 메디컬 라이터가 만드는 작업물은 우리 주변에서도 쉽게 볼 수 있다. 보건소나 병원에 가면 볼 수 있는 의료 정책 관련 안내서, 질병과 치료법에 관한 소개 자료, 건강 관련 인터넷 기사, 전문 저널, 책 등이다.

과거에는 메디컬 라이터의 글을 읽는 주 대상이 의사, 약사 같은 전문가들이었다. 그래서 제약사의 약을 홍보하기 위해 임상 데이터 자료를 가공하고 디자인하여 광고물을 제작하는 일, 전문 저널이나 전문가 신문에 쓸 기사를 작성하는 일을 주로 했다. 하지만 오늘날에는 건강에 대한 일반인의 관심이 늘었고, 그에 맞춰 정확한 정보를 쉽게 제공하는 일이 중요해졌다. 자연스럽게 메디컬 라이터의 역할도 커졌다. 대중들의 눈높이에 맞춘 의료 정보를 만드는 메디컬 라이터를 찾는 곳이 꾸준히 증가하고 있다.

메디컬 라이터의 기본적인 업무는 다음과 같다.

1. 관련 자료를 수집하고 분석한다.
2. 자료를 분석하고 가공해 새로운 자료를 만든다.

3. 만들어진 자료를 검토하고 확정한다.

4. 필요한 그림이나 도표 등 디자인 작업을 진행한다.

메디컬 라이터는 무엇보다도 전문 지식을 폭넓게 이해하고 분석할 수 있어야 한다. 의약학 자료는 파급력이 크기 때문에 항상 내가 전달하려는 정보가 맞는 정보인지 확인해야 하고, 비판적으로 볼 수 있는 능력도 필요하다.

또한 메디컬 라이터는 대상에 따라서 정보를 전달하는 방식을 바꿀 수 있어야 한다. 전문가들이 대상이라면 전문용어와 지식을 사용하여 정보를 효율적으로 전달하면서도 논리정연해야 한다. 일반인들을 대상으로 할 때는 쉬우면서도 오해의 소지가 없도록 정확하게 전달해야 한다.

사람들과 소통하면서 설명해 주는 일을 좋아한다면 메디컬 라이터에 도전해 보면 좋겠다.

마시기 편한 드링크 소화제는 약국에서 많이 팔리는 효자 품목
이다. 베나치오, 멕시롱, 생록수 등등 제품도 다양하다. 그중에서
도 가장 많이 팔리는 소화제는 뭘까? 바로 까스활명수다. 이름
에서 알 수 있듯이 가스가 들어 있어 청량감을 주고 생약 성분이
소화를 도와줘서 오랫동안 사랑받아 온 제품이다.

　까스활명수를 만든 회사는 동화약품으로, 부채표를 마크로 사
용한다. 상처에 바르는 연고로 유명한 후시딘에도 동화약품의 부
채표 마크가 있다. 그런데 우리가 보는 이 부채, 사실 120년도 넘
은 마크다.

　활명수의 탄생은 조선 시대까지 거슬러 올라간다. 당시 백성
들이 많이 걸렸던 병 중 하나가 바로 토사곽란체하고 설사하는 증상과 소

화불량이었다. 하지만 간편하게 쓸 만한 약이 없었고, 일본에서 건너온 비싼 소화제를 어렵게 구해서 사용하는 형편이었다. 이에 안타까움을 느낀 인물이 바로 궁중 선전관지금의 경호관 출신의 민병호 선생이다.

조선 백성들을 위한 조선의 소화제를 만들겠다는 결심을 한 그는 아들 민강 선생과 함께 1897년 서울 중구 순화동에 약방을 차린다. 약방의 이름은 동화약방이다. 활명수를 제조하는 과정은 쉽지 않았다. 무엇보다 힘들었던 점은 값싸게 대량으로 제조하는 방법이었다. 그래서 민병호 선생은 서양의 기술로 관심을 돌렸다. 소화제에 들어가는 성분은 한약이지만, 서양의 제조 기술을 이용한 것이다. 그 덕분에 적은 비용으로 빠르게 약을 생산하고 판매할 수 있었다.

백성들 사이에서 활명수의 인기는 식을 줄 몰랐다. 그러다 보니 가짜 활명수가 판을 치게 되었다. 이에 1910년, 아들 민강 선생이 '부채표 활명수'를 상표로 등록한다. 우리나라 최초의 상표 등록이었으니 한국 최초의 공식 브랜드인 셈이다. 부채표의 역사는 그만큼 오래되었다. 후에 청량감을 위해 탄산이 첨가되면서 오늘날의 까스활명수가 완성되었다.

까스활명수는 조선 백성의 소화불량을 치료하는 고마운 약이자 대한민국의 독립을 이끄는 약이었다. 민강 선생은 사업가이자 열성적인 독립운동가였다. 그는 대동청년단이라는 조직을 만들어 독립운동을 지휘하고, 소의 학교를 세워서 조선의 역사를 가르치며 후세 양성에 힘썼다. 또한 활명수를 팔아서 번 수익금을 독립운동 자금으로 사용했고 동화약방을 독립운동가들의 모임 장소로 제공했다. 활명수의 인기로 많은 사람이 동화약방을 드나든 덕분에 일본 경찰의 눈을 쉽게 피할 수 있었다.

하지만 2년 후 민강 선생은 붙잡혀 옥살이를 하게 된다. 그 후 고문 후유증으로 1931년 순국한다. 동화약품은 그의 뜻을 이어서 나라와 민족을 위하는 애국 기업, 많은 사람들에게 사랑받는 기업으로 남아 있다.

제약 공장은 어떤 모습일까? 컨베이어벨트 위에서 제품들이 끊임없이 운반되고, 로봇이 한 치의 오차 없이 움직이며, 망치질과 용접하는 소리가 시끄럽게 울리는 공장을 떠올리게 된다.

셀트리온 공장은 '세상에서 가장 조용한 공장'이라고 불린다. 시끄러운 소리도 없고 용접기와 로봇 팔도 없다. 하지만 셀트리온은 대한민국 바이오의약품 제조회사 중 가장 젊고 역동적이며 제약업계의 유망주로 떠오르는 회사다.

셀트리온은 바이오의약품을 만든다. 바이오의약품이란 무엇일까? 반대 개념인 케미컬의약품을 보면 바이오의약품이 무엇인지 이해하기 쉽다. 우리가 약국에서 저렴하게 구매하는 감기약이나 소화제 같은 약이 케미컬의약품이다. 이는 화학적 합성을 통해 만들어 낸 의약품을 말하며 저렴한 비용으로 대량생산을 할 수 있다.

케미컬의약품이 탄수화물, 수소, 질소 같은 작은 원자들의 단순한 집합체라면 바이오의약품은 한층 더 복잡한 단백질, 유전자, 세포의 집합체다. 바이오의약품은 케미컬의약품에 비해 치료 효과가 뛰어나고 부작용이 적지만 가격이 비싸다. 또한 제조과정이 복잡하고 유전자재조합 같은 최신 생명공학 기술을 활용해야 한다.

신약 개발을 꿈꾸고 있다면 바이오의약품이 그 해결책이 될 수 있다. 바이오의약품은 주로 암 치료, 백신 개발, 만성질환 치료 등에 사용된다. 평소에 쉽게 접하지는 못하겠지만 우리가 뉴스를 통해서 보는 백신, 인슐린 주사, 성장호르몬 주사 등이 바로 바이오의약품이다.

셀트리온의 창업주는 서정진 회장이다. 재미있는 점은 서정진 회장의 이력이 약과는 아무 관련 없다는 사실이다. 그는 건국대학교 산업공학과를 졸업하고 대학원에서 경영학 석사 학위를 땄다. 삼성전기에 입사해 일하다가 대우자동차로 이직해서 일한 경력도 있다. 그러다 IMF 외환위기 때 직장을 그만두고 창업을 결심했다. 셀트리온을 차리기 전까지 제약 분야는 들어 보지도 못한 셈이다. '바이오산업이 뜬다'라는 말 하나만 듣고 말 그대로 맨땅에 헤딩한다는 심정으로 사업을 시작했다.

많은 사람이 성공하지 못할 거라 말했지만 서정진 회장에게는 그 모든 것을 뛰어넘는 무기가 있었다. 바로 거침없는 실행력이다. 그는 1년간 40여 개 나라를 다니며 바이오산업에 일가견이 있다는 전문가들을 만나고 인터뷰하며 기반을 다졌다. 약을 팔기 위해 해외 병원에서 온갖 잡일을 마다하지 않고 일하기도 했다.

보통 신약 하나를 개발하는 데 10년에서 15년, 개발 비용만 2조 정도가 든다고 한다. 그래서 셀트리온은 기존의 약과 같은 효능의 약을 복제해서 더 저렴하게 공급하는 전략을 선택했다. 이를 '바이오시밀러'라고 한다. 그 덕분에 셀트리온은 2002년 설립 이후 2004년 인천 송도에 셀트리온 1공장을 세울 수 있었고 20여 년 만에 국내 벤처기업의 선두 주자가 되었다.

셀트리온의 주력상품 중 하나는 바이오시밀러인 '램시마'다. 램시마는 대형 제약사 존슨앤존슨의 레미케이드Remicade를 복제한 약이다. 이 약은 류머티즘성관절염, 강직성척추염, 궤양성대장염, 크론병과 같은 자가면역질환 치료제로 쓰인다. 현재 셀트리온은 코로나바이러스를 찾아내는 진단키트와 치료제, 백신 개발에 힘쓰고 있다. 열정적인 약학도라면 한 번쯤 꿈꿔 볼 만한 회사다.

코로나 백신 중에 어떤 백신이 좋을까? 코로나바이러스가 유행하면서 많은 사람이 궁금해한다. 결론부터 말하자면 일찍 맞는 백신이 좋다. 어떤 백신이든 일찍 맞을수록 좋다는 것이 의학계와 보건당국의 일관된 주장이다.

여러 회사의 코로나 백신이 있지만 그중에서도 많은 관심을 받는 백신이 있다. 바로 화이자 백신과 모더나 백신이다. 화이자는 제약업계 종사자라면 다들 알 정도로 유명한 대형 제약사다. 모더나는 작은 회사였지만 백신 덕분에 단번에 스타 반열에 올랐다.

두 회사의 백신은 왜 관심을 받을까? 바로 최신 기술인 mRNA를 이용해 만들었기 때문이다. 사실 mRNA로 백신을 만들려는 시도는 1990년부터 꾸준히 있어 왔다. 하지만 기술적 한계가 있어서 더 일찍 상용화되지 못했다. 백신을 완성하려면 일단 mRNA를 이용해 약을 만들고 그 약이 주사를 통해 세포 안으로 들어가 작용해야 한다. 하지만 mRNA는 바람만 불면 툭 하고 떨어지는 나뭇잎처럼 너무나도 연약했다. 조금이라도 온도가 높거나 아주 작은 충격을 받으면 조각조각 부서지기 일쑤였다. 이 문제를 해결하고 mRNA 백신을 맞을 수 있게 된 것은 카탈린 카리코라는 과학자 덕분이다.

카리코는 1985년 고국 헝가리를 떠나 낯선 미국 땅으로 향했다. 당시 너무나 가난하여 곰 인형 안에 숨긴 약 120만 원이 전재산이었다고 한다. 그녀는 그 돈으로 미국 펜실베니아 대학교를 다니며 분자생물학을 공부했다.

하나의 해답을 찾기 위해 얼마나 많은 시간과 노력을 투자할 수 있을까? 그녀에게는 헝가리에서부터 이루고자 하는 목표가 있었다. 바로 mRNA 기술, 좀더 정확히 말하면 mRNA를 세포에 안전하게 잘 집어넣는 기술을 찾는 일이었다. 카리코 박사는 집념과 열정으로 40년 넘게 단 한 가지 분야만 파고들었다.

mRNA 기술을 연구하는 동안 우여곡절이 많았다고 한다. 당시 연구비를 지원하던 펜실베니아 대학교는 '돈도 안 되고 답도 없는 연구'에 돈을 쓰는 것을 영 탐탁지 않게 여겼다. 그래서 정교수직이 될 예정이던 그녀를 강등하고 연봉마저 깎았다. 그 와

중에 카리코는 암에 걸려서 2번의 수술을 받으며 힘겨운 시간을 보냈다. 하지만 포기하지 않고 연구를 이어갔다. 그러다가 우연히도 막 대학교에 부임했던 드루 와이즈먼 교수와 팀을 짜고 연구에 박차를 가했고, 마침내 그 결실을 맺었다.

그들은 2012년, mRNA 기술의 특허를 등록하고 논문을 발표했다. 그리고 그 논문을 본 한 의료 벤처기업이 그녀를 수석 부사장으로 영입한다. 그곳이 바로 화이자와 함께 코로나 백신을 개발한 바이오앤테크다. 후에 모더나에서도 그녀의 특허 기술을 사들여 코로나 백신을 만들게 되었다. 두 회사의 백신 모두 카리코 박사의 연구 덕분에 탄생한 셈이다.

현재 mRNA 코로나 백신은 뛰어난 효과를 보이고 있다. 이전의 백신들이 평균 70퍼센트대의 예방 효과를 보이는 반면 화이자와 모더나 백신은 각각 90퍼센트 이상, 94.5퍼센트 이상의 예방 효과를 보이고 있다.

코로나 백신 개발에 이바지한 덕분에 그녀는 큰돈을 벌 수 있었고 큰 명예도 얻게 되었다. 하지만 그 이면에는 40년의 세월 동안 한 분야에 헌신해 온 노력이 있었다.

"사람들은 내 인생을 싸움과 고난으로 묘사하곤 하지요. 하지만 저는 실험실에 있을 때면 늘 행복했습니다."

직접 해보는
진로 찾기

하고 싶은 일을 하려면 무엇을 준비해야 할까?
관심 있는 직업을 직접 조사해 보자.

나의 관심사	
나의 성격	
좋아하는 공부	
내가 되고 싶은 직업	

이 직업이 하는 일	❶
	❷
	❸
	❹
	❺

진출 분야	

필요한 능력	

해야 할 공부 및 활동	

관련 자격증	

이 직업의 롤 모델	

참고 자료

도서

· 니키 이치로 지음, 장재희 옮김, 《약리학산책》, 군자출판사, 2014
· 송은호 지음, 《일상을 바꾼 14가지 약 이야기》, 카시오페아, 2020
· 쑤상하오 지음, 김성일 옮김, 《새부리 가면을 쓴 의사와 이발소 의사》, 시대의창, 2017
· 야자와 사이언스오피스 지음, 이동희 옮김, 《약은 우리 몸에 어떤 작용을 하는가》, 전나무숲, 2008
· 약학정보원 지음, 《맞춤 OTC 선택가이드》, 조윤커뮤니케이션, 2020
· 정승규 지음, 《인류를 구한 12가지 약 이야기》, 반니, 2019
· 정진호 지음, 《위대하고 위험한 약 이야기》, 푸른숲, 2017
· 홍윤철 지음, 《질병의 탄생》, 사이, 2014
· 후니야먀 신지 지음, 진정숙 옮김, 《독과 약의 세계사》, 에이케이커뮤니케이션즈, 2017
· Michael C. Gerald, 《The Drug Book》, Sterling Milestones, 2013
· Walter Sneader, 《Drug Discovery: A History》, John Wiley & Sons, 2005
· Thomas Hager, 《Ten Drugs》, Abrams Press, 2019

기사

· <각종 효과를 나타내는 작용기전-아스피린(2)>, 사이언스타임즈, 2007.6.3
· <"국내 치매 환자 돌봄 문제, 사회 제도적 보완 시급"> 메디칼타임즈, 2020.3.23
· <아카데미, 로빈 윌리엄스 추모 "넌 자유야">, 아시아타임즈, 2014.8.12

- <윤창호법 덕분?…음주운전 사고·적발건수 모두 줄었다>, 연합뉴스, 2019.5.18
- <대마초 흡연은 언제부터, 왜 범죄가 되었나>, 중앙일보, 2017.6.6

논문

- John Harvey Kellogg. Tobaccoism. American Journal of Public Health 92(6): 932-934. 2002
- Z. H. Mcmahan, H. L. Dupont. Review article: the history of acute infectious diarrhoea management – from poorly focused empiricism to fluid therapy and modern pharmacotherapy. Alimentary Pharmacology and Therapeutics 25(7): 759-769

사진 출처

- 40쪽 Wellcome Library, London / wikimedia.org

교과 연계

통합과학

I . 물질의 규칙성과 결합

   5. 화학 결합과 물질의 성질

II . 자연의 구성 물질

   2. 생명체의 구요 구성 물질

V . 생명 시스템

   1. 생명 시스템의 기본 단위

화학 1

I . 화학의 첫걸음

   1. 세상을 바꾸는 화학

생명과학 1

II . 사람의 물질대사

   2. 노폐물의 생성과 배설

   3. 물질대사의 중요성

III . 항상성과 몸의 조절

   1. 흥분의 전도와 전달

   4. 내분비계와 호르몬

   6. 우리 몸의 방어 작용

   7. 백신의 작용 원리

생명과학 2

I . 생명 과학의 역사

   1. 생명 과학의 역사와 발달 과정

   2. 생명 과학의 연구 방법

찾아보기

다른 포스트

뉴스레터 구독신청

내가 만든 약이 세상을 구한다면
페니실린부터 치매약까지 처음 읽는 약 이야기

초판 1쇄 2021년 8월 20일
초판 3쇄 2024년 3월 15일

지은이 송은호

펴낸이 김한청
기획편집 원경은 차언조 양희우 유자영
마케팅 현승원
디자인 이성아 박다애
운영 설채린

펴낸곳 도서출판 다른
출판등록 2004년 9월 2일 제2013-000194호
주소 서울시 마포구 동교로 27길 3-10 희경빌딩 4층
전화 02-3143-6478 **팩스** 02-3143-6479 **이메일** khc15968@hanmail.net
블로그 blog.naver.com/darun_pub **인스타그램** @darunpublishers

ISBN 979-11-5633-415-6 44000
ISBN 979-11-5633-250-3 (세트)

다른 생각이
다른 세상을 만듭니다